~ 手編みのポーチ ~

Knitpouch
111
ニッポーチ

marshell

Contents

いくつあっても嬉しい「ニッポーチ」の5つの魅力

1. 「ニッポーチ」とは「ニット（編む）」と「ポーチ」を合わせた造語です。形も素材もさまざまなポーチですが、ここで紹介するニッポーチはエコアンダリヤという糸で編む、マチのないぺたんこタイプ。エコアンダリヤで編むことでさらっとした質感に仕上がり、バッグからの出し入れもスムーズ。シンプルで使いやすい形状で、楽しく編めてすぐ完成するデザインです。

2. 作品に使用した「エコアンダリヤ」はツヤ感が魅力のテープヤーン。木材パルプから生まれた再生繊維でエコ素材です。仕上がりの編み地はツヤっとサラサラ。表面の毛羽立ちや毛玉もなく、オールシーズン使える便利な糸です。豊富な色展開でさまざまな柄や配色にチャレンジできるのも嬉しいところ。

3. この本で紹介している
基本のポーチは3ステップで作れます。

1 まずハンカチのようにまっすぐ編んで

2 半分に折ってサイドをとじて

3 ファスナーをつければ完成！

立体を編む工程がなく、かぎ針でまっすぐ編めさえすれば作れちゃうお手軽さが嬉しい作品たちです。

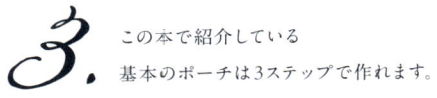

4.

この本の基本のポーチは一部を除いて全て縦13cm×横17cm。リップクリームや小さいメモ帳、ポケットティッシュなどが入るサイズです。どの作品も作り目と段数がほぼ同じく、色や柄、編み方を変えてバリエーションを楽しめます。もちろん、自分の作りたい大きさにアレンジしても。作り目の数や段数を変えて好きな大きさのポーチを作ってみましょう。「Scene1 ～ 6」のページで紹介している小物類は全て1つのポーチに収まる参考量です。

参考作品

※ポーチにたくさんの物を入れ、入れ口が引っ張られる状態が続くと両面テープがはがれる場合があります。はがれたときは両面テープと編み地を再度指で強く押さえると元に戻りますが、頻繁にはがれる場合は内容量を調整してください。

5.

「編むのは好きだけど、ファスナーつけがちょっとね…」という方に朗報!この本のファスナーつけは両面テープ(強力タイプ)を使っています。両面テープでファスナーをつけるメリットはなんといってもそのカンタンさ。縫い目がないので内側の仕上がりが美しく、無理な力を加えない限り強度も問題ありません。ちょっぴり面倒なファスナーつけもこれで解決!手軽にポーチ作りを楽しみましょう♡つけかたは写真で詳しく解説しています(P.62 ～ 63)。

この本の見かた

作品にはそれぞれ「難易度」と「厚み」を掲載しています。

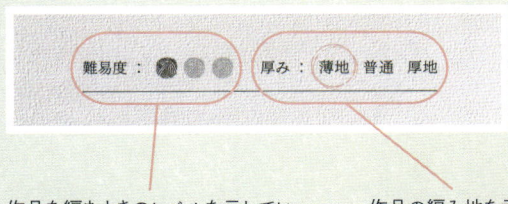

難易度 ： ●●●　厚み：薄地 普通 厚地

作品を編むときのレベルを示しています。マーク1つが「簡単」2つが「普通」3つが「難しい」になります。

作品の編み地を示しています。仕上がりのご参考に。

1

2

小物をまとめたり、

大事なものを保護したり、

バッグインバッグにしたり……

ニッポーチは毎日を彩る必須アイテム。

細編み×単色

3
4
5
7
6
8
10
9

細編みと引き抜き編みだけで完成する基本のニッポーチ。
ラッキーカラーで編んだり、推し色でチョイスしたり。
好きな色を選んで作ってみましょう。
使用糸：ハマナカ エコアンダリヤ

How to make ~ p.65　（1玉で編める作品です）

難易度：🧶　🧶　🧶　　厚み：薄地　普通　厚地

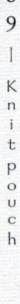

こちらも1〜10と同じ編み方。
メイン部分はミックスカラーの糸を使って華やかに仕上げ、
単色のラインを入れ口に差し込んで全体を引き締めました。
使用糸：ハマナカ エコアンダリヤ、ハマナカ エコアンダリヤ《ミックスカラー》

How to make – p.66

細編み×ミックスカラー

11

12

13

14

15

難易度： 厚み： 薄地 普通 厚地

16

17

18

シンプルな細編みの本体も、
3本の白いボーダーラインが入るだけでイメージが一変。
爽やかでマリンなポーチになりました。
使用糸：ハマナカ エコアンダリヤ

How to make – p.56 （写真プロセス解説）

細編み×ボーダー

難易度： 厚み： 薄地 普通 厚地

19

20

21

定番カラーのベージュをベースに
周囲を細編みと鎖編みで四角く囲んだユニークなポーチ。
ポップでトレンド感あるデザイン。
使用糸：ハマナカ エコアンダリヤ

How to make – p.58

難易度：▨ ▨ ▨　厚み：薄地 普通 厚地

リップやハンドミラー、フェイスパウダー……
外出時に使いたいコスメアイテムは
ひとつのニッポーチにまとめて
すっきり持ち運び。

22

23

うね編み

細編みの応用で編める「うね編み」は
筋状の模様が浮き出るふっくらとした編み地。
ブライトカラーの糸を使って高級感のある仕上がりに。
使用糸：ハマナカ エコアンダリヤ

How to make ~ p.70　1玉で編める作品です

難易度： 🧶🧶🧶　厚み：薄地 普通 厚地

細編み×長編み

基本的な「細編み」「長編み」の2つを組み合わせて
リズミカルな編み地を生み出しました。
長編みが入ることで段数が減るのでサクサク編み進められます。

使用糸：ハマナカ エコアンダリヤ

How to make ~ p.71　（1玉で編める作品です）

24

25

難易度： ●●●　厚み：薄地　普通　厚地

松編み①

扇子が広がったような模様の松編みは
単色で編むと清楚でエレガントな印象。
編み地の模様を対称にするため、この作品のみ中央から編み始めます。
使用糸：ハマナカ エコアンダリヤ

How to make ~ p.72　［1玉で編める作品です］

26

27

難易度：　　　　厚み：　薄地　普通　厚地

28

29

松編み②

こちらは26、27と同じ編み方ですが
1段ごとに糸の色を替えました。
松編みの編み地が際立つモダンなデザイン。
使用糸：ハマナカ エコアンダリヤ

How to make – p.73

難易度： 厚み：薄地 普通 厚地

Scene ② 2

オケージョンに合わせて
アクセサリーを着脱したいときも
さっと取り出せて大事にしまっておける
ニッポーチが大活躍。

30

31

可憐なハナミズキを思わせるような
連続したお花のデザイン。
ブライトカラーの糸が上品な光沢感を
醸し出しています。
使用糸：ハマナカ エコアンダリヤ

How to make ~ p.74

難易度： 🧶🧶🧶　厚み： 薄地 普通 厚地

玉編み

小さな球体をつなげたようなポップなデザインは
玉編みという編み方で作り出しています。
3色の糸で小粋なボーダーに仕上げました。

使用糸：ハマナカ エコアンダリヤ、
ハマナカ エコアンダリヤ《ミックスカラー》

How to make – p.76

32

33

難易度：　厚み： 薄地　普通　厚地

引き上げ編み

34

35

全体はシンプルな2色のボーダーで仕上げつつ、
長編みの引き上げ編みで立体的な縦ラインを生み出しました。
目にも楽しいユニークなデザイン。
使用糸：ハマナカ エコアンダリヤ

How to make ~ p.67

難易度：○○○　厚み：薄地　普通　厚地

ダイヤモンドワッフル

長々編みのラインがクロスして作り出すダイヤ模様が
ワッフルのような編み地を生み出します。
シックなモノトーンと、爽やかなグリーン系の2種類。
使用糸：ハマナカ エコアンダリヤ

How to make ~ p.78

36

37

難易度： 🧶🧶🧶　厚み：薄地 普通 厚地

Scene ③

普段使いのガジェット類をまとめるのにも
ニッポーチがお役立ち。
散らばりがちなコード類やイヤフォンを
すっきり収納して。

ポーチのワンポイントに人気のアルファベット柄は
色の組み合わせでパターンも無限大。
控えめなオフホワイトのポーチは文字がよく映える万能色です。

使用糸：ハマナカ エコアンダリヤ

How to make – p.80

アルファベット（A～H）

39

38

42

難易度： 厚み：薄地 普通 厚地

40

41

44

45

43

ベーシックな色味のベージュのポーチは
アルファベットに使う色でシックにもカジュアルにも。
毎日持ちやすいナチュラルカラーが嬉しい。
使用糸：ハマナカ エコアンダリヤ

How to make ~ p.80

46

47

48

49

難易度： 🧶🧶🧶　厚み： 薄地 普通 厚地

50

51

52

53

54

アルファベット（R〜Z）

アルファベットが映える黒地の本体に
好みの色で編み込みを。
程よい艶感があるシックなポーチに仕上がります。
使用糸：ハマナカ エコアンダリヤ

How to make ~ p.80

55	56	57	58
59	60	61	
62	63		

難易度：   　厚み：薄地 普通 厚地

ねこ柄4種

64

65

66

67

おすまし、肉球、お散歩、ぐーっと伸びのシルエット……
愛くるしい瞬間のねこちゃんたちを集めました。
編み込み糸の色を替えて
自分のおうちの子の色にアレンジしても。
使用糸：ハマナカ エコアンダリヤ

How to make – p.84

難易度： 厚み：薄地 普通 厚地

ほっとひと息つきたいときに
あると嬉しいチョコやキャンディ。
このニッポーチ、程よい伸縮性で
収納力があるのがいいところ。

雪の結晶

白と青のバイカラーで作る雪の結晶柄ポーチ。
冬の爽やかで美しい雪原をイメージしました。
68と69は使用色をそのまま反転させて作ったもの。
使用糸：ハマナカ エコアンダリヤ

How to make ~ p.86

68

69

難易度： 厚み： 薄地 普通 厚地

うさぎ柄

70

71

長い耳がぴょんと立ったかわいらしいうさぎたち。
左右を向いたキュートなシルエットを
たっぷりと全体に敷き詰めました。
使用糸：ハマナカ エコアンダリヤ

How to make – p.87

難易度：⬤⬤⬤　　厚み：薄地 ⬤普通 厚地

◯◯◯◯ バラ柄 ◯◯◯◯

エレガントで気品あるバラ柄は
見る人の目を楽しませる優雅な佇まい。
2色の糸の編み込みで作るシンプルなパターンです。
使用糸：ハマナカ エコアンダリヤ

How to make ~ p.88

難易度： 🧶 🧶 🧶 　厚み： 薄地 ⟨普通⟩ 厚地

74

ポピー柄

丸くふっくらとした花びらが特徴的なポピー柄。
地色には落ち着いた色味のミックスカラー糸を使用し
お花の輪郭を浮き立たせています。
使用糸：ハマナカ エコアンダリヤ、ハマナカ エコアンダリヤ《ミックスカラー》

How to make – p.89

75

難易度： 厚み：薄地 普通 厚地

携帯用の防災ポーチは
外で被災したときに役立ちます。
絆創膏や常備薬、
小銭にコンタクト、ホイッスルなど……
ひとつにまとめて安心を持ち歩いて。

36 — Knit Pouch

Scene 5

アーガイル

77

トラディショナルな雰囲気に心惹かれるアーガイル。
柔らかなイエロー×グレー、涼やかな水色×チャコール、
どちらも素敵です。
使用糸：ハマナカ エコアンダリヤ

How to make ‒ p.90

難易度： 厚み： 薄地 普通 厚地

78

79

いかり柄

マリンモチーフの定番といえばいかりマーク。
白、黒、赤のコントラスト鮮やかな3色を
レイアウトして印象的なポーチに仕上げました。

使用糸：ハマナカ エコアンダリヤ

How to make ~ p.91

難易度：🌀🌀🌀　　厚み：薄地 普通 厚地

リゾート感のあるシンボリックな帆掛け船をモチーフに。
帆に80はチェリー、81はレトロブルーの差し色を加えて
小粋なポイントにしました。
使用糸：ハマナカ エコアンダリヤ

How to make ~ p.92

80

81

難易度：🧶🧶🧶　厚み：薄地 普通 厚地

スマホポシェット

82

83

お出かけのときにきっと持ち出せる、
シンプルなデザインが魅力のスマホポシェット。
ポーチの作り方のアレンジで作れます。
編み地の脇を外表で巻きかがることで
適度なプレスが加わり、
スマホが簡単に飛び出すのを防ぎます。
使用糸：ハマナカ エコアンダリヤ

How to make ~ p.93

難易度： 厚み：薄地 普通 厚地

84

85

86

バイカラースクエアポーチ

難易度： 厚み： 薄地 普通 厚地

87

約11×11cm、正方形の小さなポーチたち。
こちらもこれまでのポーチの応用で作れます。
84〜86は色を上下で切り替え、
87〜89は左右で切り替えました。
使用糸：ハマナカ エコアンダリヤ

How to make ~ p.94

88

89

90と91はポニーテールの女の子、92と93はスワン。
どちらも横からのシルエットを編み込みました。
84〜89のポーチと同じ、小さなスクエアサイズです。
使用糸：ハマナカ エコアンダリヤ

How to make ~ p.96

90

91

92

93

難易度： 厚み：薄地 普通 厚地

Scene 6

ミニポーチは使い勝手抜群。
すぐに取り出したい鍵類をまとめたり、
お財布にしたり。
ポーチインポーチにもできる
コンパクトサイズです。

94

95

How to make → p.75

見るだけでハッピーな気持ちになれるハート柄は
とびきり明るい色で編むのが good。
ひとつ持っているだけで運気が止まりそう。
使用糸：ハマナカ エコアンダリヤ

ハート柄

96

97

◇◇◇ 水玉柄 ◇◇◇

茶色いドットがまるでチョコチップのようなおしゃれポーチ。
ラズベリーソースに小粒のチョコを散りばめた96か、
チョコミントアイスみたいな97……どちらがお好み?
使用糸：ハマナカ エコアンダリヤ

How to make ~ p.98

難易度：   　厚み：薄地 普通　厚地

98

人気のタータンチェック2種。
白地をベースに98は黄×グレー系、99は紺×ピンク系に、
どちらもトラッドな表情が魅力的です
使用糸：ハマナカ エコアンダリヤ

How to make → p.99

99

難易度： 厚み： 薄地 普通 厚地

100

101

102

国旗柄

コントラストの効いた十字のモチーフは
北欧をイメージして。
100はフィンランド、101はデンマーク、
102はスウェーデンの国旗を模しました。
使用糸 ： ハマナカ エコアンダリヤ

How to make – p.100

難易度： 厚み： 薄地 普通 厚地

千鳥が飛ぶ姿を文様化したのがこの千鳥格子。
縁起の良い柄でクラシカルな雰囲気を併せ持ちます。
色をシックにまとめれば和装にも合うアイテムに。
使用糸：ハマナカ エコアンダリヤ

How to make ~ p.101

千鳥格子

103

104

難易度： 厚み： 薄地 普通 厚地

105

106

107

ポーチのサイズを変えて編めば
クラッチバッグにもにアレンジできます。
こちらはブライトカラーの糸を使い、
たっぷりのフリンジをあしらった華やかなクラッチ。
使用糸：ハマナカ エコアンダリヤ

How to make ~ p.102

難易度： 　　　　　　厚み： 薄地 普通 厚地

108

109

ダイヤ柄クラッチ

長編み5目の玉編みを斜めに並べ、
美しいダイヤ柄をあしらいました。
単色で編むことで使いやすく品のある仕上がりに。
使用糸 ： ハマナカ エコアンダリヤ

How to make ― p.104

110

111

繊細で美しいドイリーを思わせる
フラップ（ふた）つきのクラッチ。
上品な佇まいが華やかなシーンのお呼ばれにぴったり。
使用糸：ハマナカ エコアンダリヤ

How to make – p.106

難易度：🧶🧶🧶　厚み：薄地 普通 厚地

open

編む前に知っておきたい！

ニッポーチ作りのポイント

Point! 1

エコアンダリヤの糸の取り出し方

エコアンダリヤの糸端は必ず糸玉の内側から取り出しましょう。ラベルを取って外側から取るとどんどんほどけてしまい、扱いが難しくなります。購入時のビニール袋に糸玉を入れたまま編み進めるのがおすすめです。

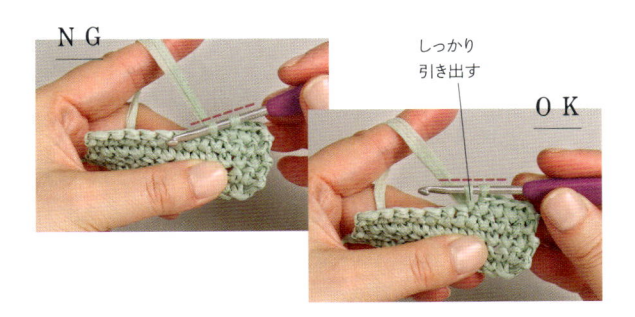

Point! 2

細編みにひと工夫

慣れないうちは、エコアンダリヤの細編みはややきつくなりがち。そのままだと作品が小さく仕上がってしまいます。これを避けるため、細編みで針にかけた糸を引き出すときは、かぎ針が編み地と並行になるまでしっかり糸を引き出すように意識しましょう。目が詰まりすぎない適度な編み地になります。

Point! 3

スチームアイロンは必須アイテム

エコアンダリヤの編み地は往復編みでも端から丸まってきがち。また「きちんと指定通りの目数・段数で編んでるのに、編み上がりのサイズ通りにならない！」なんてこともあります。こんなときはスチームアイロンがお役立ち。編み地を指定のサイズに合わせながらピンを打ち、スチームを当てることでサイズの整った四角い編み地に仕上がります。

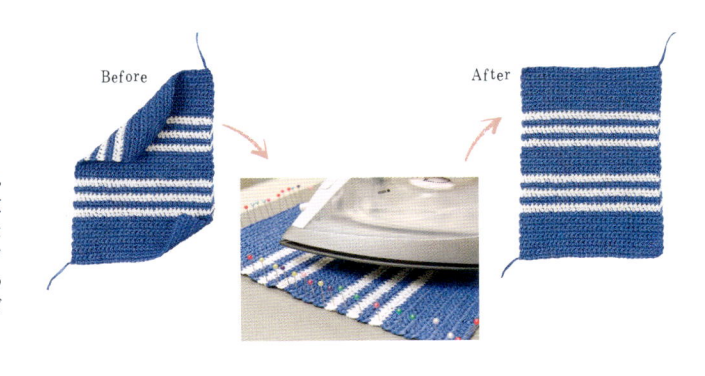

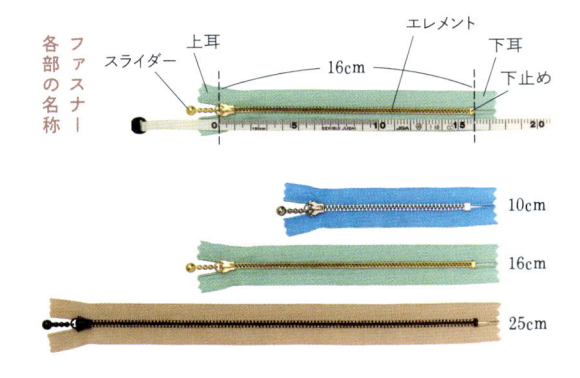

Point! 4

ファスナーの選び方

少し慣れたら好きなサイズのポーチにもチャレンジしたいもの。この本の基本のポーチは内寸が17cmで、ファスナーは全て16cmのものを使用しています。「16cmのファスナー」とは、ファスナーを閉めた状態でスライダー（持ち手）の上端から下止め（止め具）までの長さが16cmであることを表しています。ポーチの大きさを変えて編むときは入れ口の内寸を測り「内寸-1cm」のサイズのファスナーを選びましょう。ミニサイズポーチは10cm、クラッチは25cmのファスナーを使用しています。

基本のポーチを作りましょう

※11ページ18（青）の
作品で解説します

 材料

		16	17	18
地糸：ハマナカ エコアンダリヤ 31g		チャコールグレー (151)	チェリー (37)	コバルトブルー (901)
配色糸：ハマナカ ニコアンダリヤ 11g		白 (1)	白 (1)	白 (1)
ファスナー（16cm）		グレー	赤	青
超強力布用両面テープ 幅5mm		40cm	40cm	40cm

※両面テープは、ファスナーに貼る直前に巻きの状態から20cmを2本切ることをおすすめします。
あらかじめ切って用意すると強力な接着面が他に張りつくなど、不具合が起こる場合があります。

 用具（16 〜 18 共通）

・かぎ針6/0号、7/0号　・段数マーカー
・定規またはメジャー　・クリップまたは洗濯ばさみ
・まち針　80本前後　・アイロン
・毛糸とじ針　・アイロン台
・はさみ

 作り方手順

❶ 6/0号針で鎖編みの作り目32目（地糸）

❷ 編み図の通りにボーダーのラインを
入れながら細編みを52段編む

❸ ピン打ちをし、スチームアイロンで
大きさを整える

❹ 外表にし、毛糸とじ針で脇をすくいとじする

❺ 7/0号針で入れ口を引き抜き編み
（地糸で片面30目、1周で60目編む）

❻ 両面テープでファスナーをつける

 ゲージ

細編み 10cm 平方18ヨ×20段

 できあがりサイズ

縦13cm × 横17cm

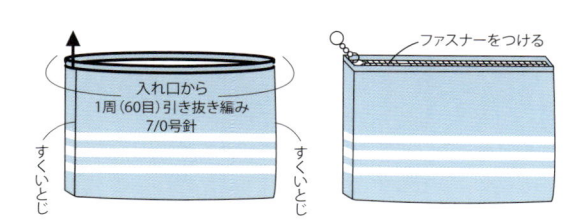

入れ口から
1周（60目）引き抜き編み
7/0号針

すくいとじ　すくいとじ

ファスナーをつける

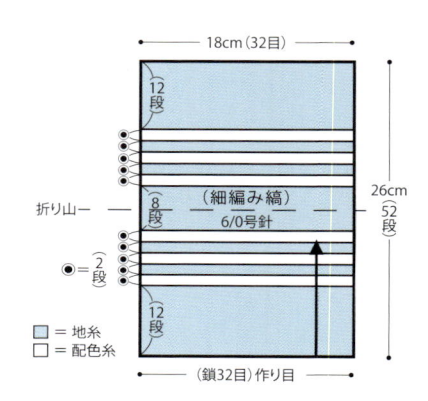

18cm（32目）

12段

折り山

8段

（細編み縞）
6/0号針

2段

12段

26cm
52段

□ = 地糸
□ = 配色糸

（鎖32目）作り目

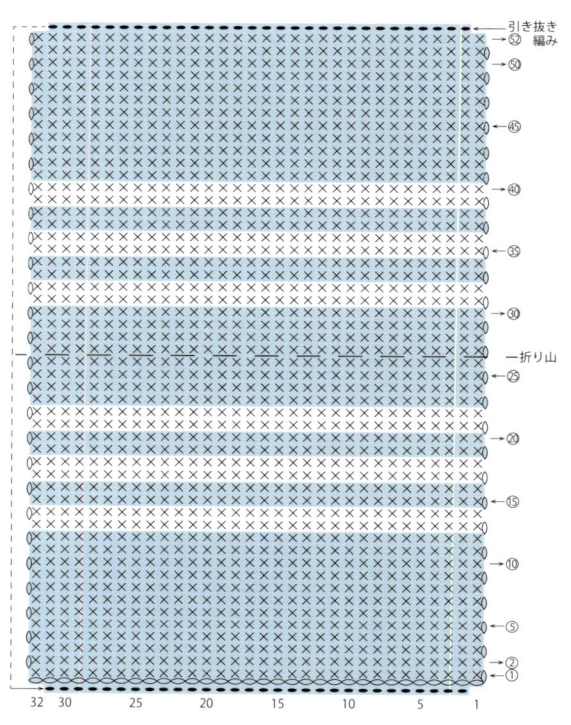

引き抜き編み
折り山

さあ作りましょう！まずは **鎖編みの作り目** からです。

◎ 作り目

1
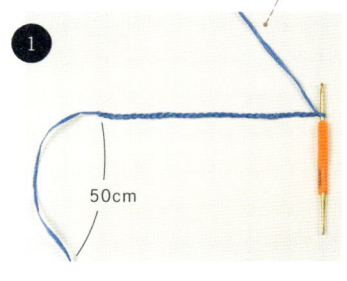

編み始めの糸を50cm残した状態でスタートします。6/0号針、コバルトブルーの糸で、鎖編みを32目編みます。これが作り目になります。（鎖編みの編み方はP.108参照）

2

立ち上がりの鎖を1目編み、1段めを編みます。針に糸をかけ、細編みを編みます。1段めだけは鎖編みの「半目と裏山」を拾って編みます。（細編みの編み方はP.108参照）

point
作り目を裏から見たところ

裏山　半目

編み込みや模様作りなどに **糸の色替え** は必須。やり方をマスターしましょう。

◎ 糸の色替え

3

そのまま編み進め、細編みを32目編んだところ。1段めが編めました。

4

2段め以降も同様に往復で細編みを編み、12段めまで編みます。2段めからは前段の目の頭2本を拾って編みます。

5

13段めと14段めは白の糸で編みます。12段めの最後の目で未完成の細編みが編めた状態。コバルトブルーの糸を休ませ、左手に白の糸をかけて用意します。

6

白の糸で引き抜いて12段めが編めたところ。

7
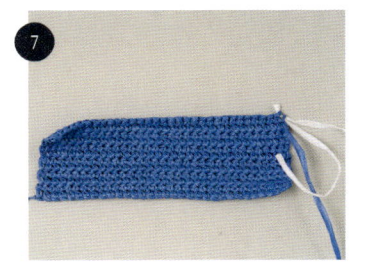

糸の色が替わりました。コバルトブルーの糸は15段めで再び使用するため、切らずに休ませておきます。白の糸の編み始めの糸も後で糸処理するためこのままにしておきます。

8

13段めは白の糸で細編みを編みます。

以降はそのまま編み進めます。14段めの最後の目で、未完成の細編みが編めた状態。

⑤〜⑥と同様に糸替えをします。⑦で休ませておいたコバルトブルーの糸を左手にかけ、引き抜いて14段めが編めたところ。

このあとも同様に2段ずつ「コバルトブルー」「白」「コバルトブルー」「白」と糸の色替えを繰り返して細編みを編みます。22段まで編み、コバルトブルーの糸に色替えをしたところ。色替えのときの糸は切らず、毎回上に引き上げて使いますが、白の糸はしばらく使わないためここで一度切ります。

23段めから30段めまではコバルトブルーの糸で細編みを編みます。

31段めで再度白の糸をつけ「白の糸で2段」「コバルトブルーの糸で2段」「白の糸で2段」と糸の色替えを繰り返して細編みを編みます。40段まで編めたところ。

50cm

41段めから52段めまではコバルトブルーの糸で細編みを編みます。糸端を50cm残して切ります。本体が編めました。

point

この時点で実際は編み地がくるっと丸まっていますが、写真ではまっすぐ伸ばした状態にして撮っています。

上下に出ているコバルトブルーの糸は残して、脇の白の糸を糸処理します。毛糸とじ針に白の糸を通し、1本ずつ編み地の裏の目に通して切ります。

ポーチ作りの最重要ポイントとも言えるこの作業。**スチームアイロン**で編み地を美しく整えましょう。

◎ 編み地のアイロン

編み上がった本体は丸まっているので、アイロンのスチームを当てて整えます。

まずは仕上がりのサイズに整える「ピン打ち」をしていきます。編み地をアイロン台に置き、定規で横の長さを測ります。今回は縦26cm×横18cmに仕上げます（基本のポーチ共通）。現時点で横に1cm程度大きい状態です。

**point** 今回は定規で測っていますが、ニット用の方眼入りアイロンマットがあると便利です。

定規の0のメモリに合わせ、編み地の左下角にL字型にまち針を3本刺します。

**point** 作品によって仕上がりのサイズが若干変わりますので、都度作り方ページで確認しましょう

定規の18のメモリに合わせて編み地をやや左に寄せます。編み地の右下角にまち針を3本刺します。

次に縦の長さを測ります。こちらも現時点で1cm程度大きい状態です。

**point** 2〜3cm程度までならスチームアイロンで修正可能です。

下側のピン打ちと同様に、縦の長さが26cmになるよう編み地をやや下に寄せます。編み地の上の左右角にまち針を3本ずつ刺します。

**point** このとき、上の横の長さも18cmになるよう定規で確認しながら刺していきます。

横から見たところ。編み地が少し大きかったため波打っています。

次に縦の中央にピン打ちをします。編み地の26段めと27段めの境目が編み地の中央なので、その部分が定規の13のメモリに来るようにまち針を刺します。

左右の中央にまち針を刺したところ。

25 以降はまち針とまち針の中央を埋めるように順に刺していき、最終的に1cm間隔くらいになるまで打ちます。編み地の辺がまっすぐになるよう整えながら刺していきます。

26 アイロンを熱し、編み地から2〜3cmほど離してスチームをまんべんなくたっぷりと当てます。スチームで編み地が柔らかくなってきたら指で編み地を内側に向けて押し込み、浮いているところを平たく押さえ、形を整えます。

27 しばらくそのまま置き、編み地が冷めて乾いたらまち針を抜きます。

編み地ができたらゴールはすぐそこ。とじ針に持ち替えて**すくいとじ**をしましょう。

◎ 脇のすくいとじ

28 指定のサイズに編み地が整いました。

今回は指定のサイズよりも大きい編み地で紹介しましたが、小さかった場合も同様に修正できます。小さい場合は先にスチームアイロンを当てて編み地を柔らかくし、手で引っ張って伸ばします。その後ピン打ちして形を整えます。

編み始めの糸　★　（表側）　編み終わりの糸

29 脇をすくいとじし、袋の形にします。まず編み地を外表にして半分に折ります。

この本では、脇は「すくいとじ」と「巻きかがり」の2技法を使用しています。単色やシンプルな柄のポーチは主に巻きかがりで、模様のあるものは主にすくいとじで仕上げます。（巻きかがりのやり方はP.111参照）

（裏側）　（表側）

30 毛糸とじ針に、編み始めのときに残しておいたコバルトブルーの糸を通します。**29**の★の角（52段めの1目め）に針を入れます。

ここでは分かりやすいように編み始めの糸を処理して別色の糸を使用していますが、実際は本体で残しておいた糸を使います。

31 糸を引きます。最初の目に針を戻し、再度糸を引きます。

左の編み地、端から1目左に写真のように針を入れて糸を引き締めます。

右の編み地も同様に、端から1目右に写真のように針を入れます。

point あらかじめ編み地を合わせ、左右の針を入れる目を段数マーカなどで一緒にしておくとずれにくくなります。

同様にして左右に1段ずつ針を入れ、糸を引き締めて編み地をとじていきます。

point 糸をしっかりときつめに引き締めることで、脇がふっくらとしたきれいなポーチに仕上がります。

ボーダーラインの高さが合うように気をつけながら上までとじます。角の穴から針を入れ、編み地をひっくり返します。

裏側を2目程度巻きかがります。針を編み地の端に通し、糸を引いて切ります。すくいとじができました。

反対側も同様に編み終わりの糸を使ってすくいとじをし、表に返します。

美しい入れ口に仕上げるコツはこの **引き抜き編み。**

◎ 引き抜き編み

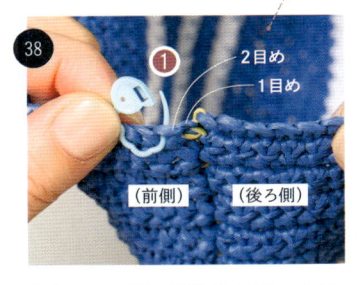

入れ口の一周の目数は64目ですが、編み地の両端1目ずつ（計4目）をとじしろにするため、引き抜き編みの目数は60目になります。編む場所を事前に把握するため段数マーカーをつけておきます。まず端から2目めにマーカー❶をつけます。

マーカー❶の目を1目めと数え、30目めにマーカー❷をつけます。ポーチの端、左右1目ずつを飛ばした状態です。

後ろ側も同様に端から1目飛ばした状態でマーカー❸をつけます。後ろ側のマーカーはこの1ヶ所のみです。

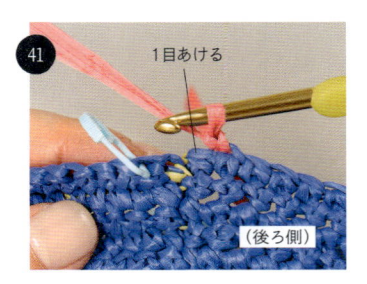

41 1目あける （後ろ側）

引き抜き編みは目がきつくなりやすいため、かぎ針を7/0に替えます。糸端を10cm残したコバルトブルーの糸を、編み地の端から1目手前につけ、引き抜き編みを編みます（1周64目のうちの、63目め）。

point 分かりやすいように別色の糸を使用しています。この引き抜き編みは糸をつけるためのもので、1目めに数えません。

42

マーカー❶を外し、外したところに1目めの引き抜き編みを編みます。（引き抜き編みの編み方はP.108参照）

point この時点でポーチの脇の2目（1周64目のうちの、64目めと1目め）を飛ばして編んだことになります。

43

以降はマーカー❷とマーカー❸の間を計2目飛ばして引き抜き編みを計60目編みます。後ろ側は半目のみ拾って編みます。

point 引き抜き編みがきつくなってしまうとファスナーのサイズに影響しますので、糸をしっかり引き出し、ゆるめに編みます。

44 2目め

引き抜き編みを60目めまで編めたら糸を10cm残して切り、糸を引き抜きます。毛糸とじ針に糸端を通し、引き抜き編みの2目めに写真のように針を通します。

45 60目め

60目めの輪の中に針を通し、糸を引きます。引き抜き編みを編み終えました。

ゴールまであと少し！**ファスナー**をつければ使い勝手がぐんと上がります。

◎ ファスナーつけ

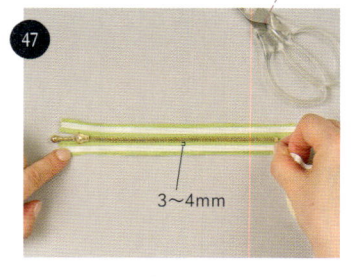

46

針を編み地の裏側に通して糸を切ります。本体ができました。

point この時点で内寸が17cmになっているか再度確認し、小さい場合はスチームアイロンでサイズを広げておきます。

47 3〜4mm

ファスナーを用意し、スライダーを左にして置きます。両面テープを20cm2本に切ります。エレメントから3〜4mmほど離して布部分に貼り、両面テープの余った部分は切ります。

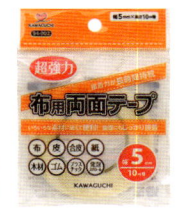

point この本で使用している両面テープ「超強力 布用両面テープ 幅5mm（KAWAGUCHI）」

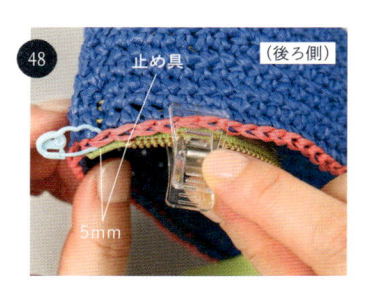

ポーチの左右の端に段数マーカーをつけておきます。ファスナーを開き、段数マーカーとスライダー側の止め具の端を5mm程度離してクリップで止めます。

 分かりやすいように本体と違う色のファスナーを使用しています。

ポーチの入れ口の端に合わせてファスナーをクリップで止めます。

ポーチの口を開いた状態で持ち、ファスナーについた剥離紙を下止め側から少しずつはがしていきます。ファスナーの下耳は写真のように角度をつけて折り込みます。

クリップを外しながら剥離紙をはがし、ファスナーと編み地をしっかりと指で押さえて接着させます。

端まで来たら、写真のようにファスナーの上耳に角度をつけて折り込みます。片側が貼れました。

もう片側は、下止め側の止め具の位置を合わせてからスライダー側に向かってクリップで止めます。上耳に角度をつけて折り込み、スライダー側の止め具から下止め側に向かって少しずつ剥離紙をはがし、接着させていきます。

 ファスナーを開けた状態なので、スライダーは下止め側に来ています。

Goal!

形を整えて、できあがり。

編み込みのコツ

2本の糸の渡し方や編みくるみ方をご紹介します。

30段めまで編めたところ。31段め を編みます。まず2目ピンクの糸で 細編みを編みます。2目めの未完 成の細編みを編んでいるところ。

最後の引き抜きで前段からの白糸を 引き上げて使用し、白糸に替えます。

90

※44ページ90の作品で解説しま す。96ページの編み図とあ わせてご覧ください

ピンクの糸を編みくるみながら次の2目を白糸で編み、最後の引き抜きでピ ンクの糸に替えます。

同様に編み図の指示の通りに糸を 編みくるみながら編んでいきます。 18目めまで編めたところ。

白の編み地はここで終わりですが、次の段で19目めに白地があるため、 1目だけ白糸を編みくるみ、先に進ませます（編み図の田の指示部分）。 20目めからはピンクの糸のみで編みます。

同様にして編み図の指示通りに編 みます。常に上の段の色を確認し て糸を先に進ませることがポイント です。

手縫いでファスナーをつけるときのコツ

針と糸でファスナーをつけるときのやり方をご紹介します。特別な材料も不要で、本体を編んだ流れでつけられるので便利です。

両面テープのときと同じように、ポー チの入れ口の端に合わせてファスナー をクリップで止めます。

毛糸とじ針に共糸（本体を編んだと きと同じ色の糸）を通し、5mm幅 で並縫いします。下耳と上耳は写 真のように内側に入れ込みます。こ こではわかりやすいように本体と違 う色で縫っています。

縫い終えたところ。共糸で縫えば表 側にも縫い目が響かず、きれいに仕 上がります。

細編み×単色

◎ 材料と用具

ハマナカ エコアンダリヤ 38g	1	2	3	4	5	6	7	8	9	10
	オレンジ (98)	チェリー (37)	レモンイエロー (11)	ミントグリーン (902)	グリーン (17)	ライトグレー (148)	キャンディピンク (46)	カーキ (59)	ブルー (20)	ネイビー (57)
ファスナー（16cm）	オレンジ	赤	クリーム色	ライトグリーン	グリーン	グレー	ピンク	カーキ	ブルー	ネイビー

超強力布用両面テープ（幅5mm）各40cm
かぎ針6/0号、7/0号（入れ口の引き抜き編み用）

◎ ゲージ
細編み 10cm平方18目×20段

◎ できあがりサイズ
縦13cm×横17cm

◎ 作り方手順
＊編み始めと編み終わりの糸端は
　各50cmくらい残す（脇とじに使用）

❶ 6/0号針で鎖編みの作り目32目 → p57参照

❷ 細編みを52段編む

❸ ピン打ちをし、スチームアイロンで
　大きさを整える → p59参照

❹ 脇は、中表に合わせて巻きかがり、表に返す
　または、外表に合わせてすくいとじする

❺ 7/0号針で入れ口を引き抜き編み
　（片面30目、1周で60目編む）→ p61参照

❻ 両面テープでファスナーをつける → p62参照

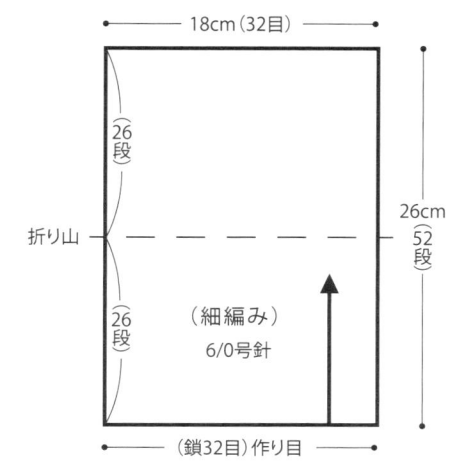

18cm（32目）

26cm 52段

折り山

26段

26段

（細編み）
6/0号針

（鎖32目）作り目

入れ口から
1周（60目）引き抜き編み
7/0号針

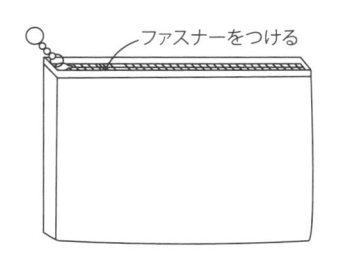

ファスナーをつける

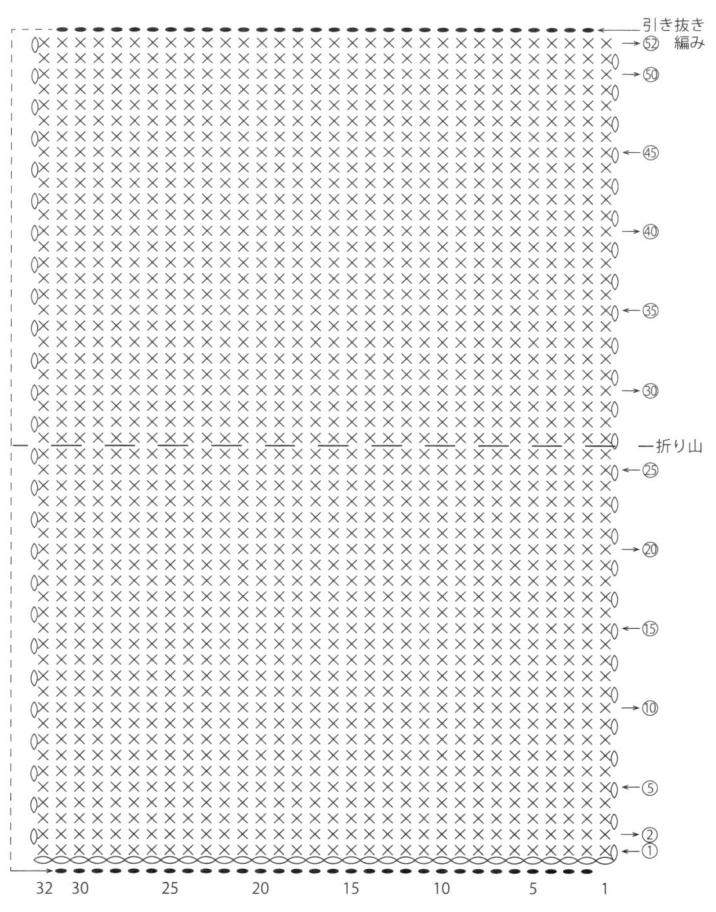

引き抜き編み
→ 52
→ 50
← 45
→ 40
← 35
→ 30
ー折り山 ← 25
→ 20
← 15
→ 10
← 5
→ 2
→ 1

32 30　25　20　15　10　5　1

細編み×ミックスカラー

◎ 材料と用具

	11	12	13	14	15
地糸：ハマナカ エコアンダリヤ《ミックスカラー》35g	ブラウン系（265）	ブルー系（269）	パープル系（263）	グリーン系（261）	ピンク系（262）
配色糸：ハマナカ エコアンダリヤ 10g	ブラウン（159）	黒（30）	チャコールグレー（151）	レトログリーン（68）	レトロピンク（71）
ファスナー（16cm）	ライトブラウン	黒	グレー	ライトカーキ	グレイッシュピンク

超強力布用両面テープ（幅5mm）各40cm
かぎ針6/0号、7/0号（入れ口の引き抜き編み用）

◎ ゲージ

細編み 10cm平方18目×20段

◎ できあがりサイズ

縦13cm×横17cm

◎ 作り方手順

＊編み始めと編み終わりの糸端は
　各50cmくらい残す（脇とじに使用）

❶ 6/0号針で鎖編みの作り目32目
　（配色糸）→ p57参照

❷ 配色糸で細編みを3段編む

❸ 地糸で細編みを46段編む

❹ 配色糸で細編みを3段編む

❺ ピン打ちをし、スチームアイロンで
　大きさを整える → p59参照

❻ 脇は、中表に合わせて巻きかがり
　表に返す。または、
　外表に合わせてすくいとじする
　（配色糸部分は配色糸、地糸部分は
　　地糸でかがる、またはとじる）

❼ 7/0号針で入れ口を引き抜き編み
　（配色糸で片面30目、1周で60目編む）
　→ p61参照

❽ 両面テープでファスナーをつける
　→ p62参照

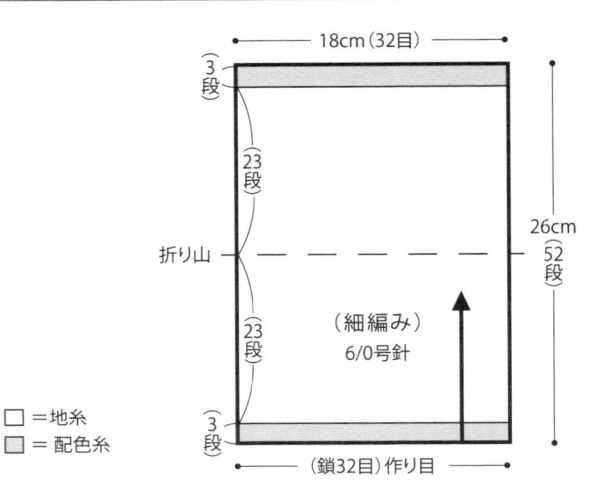

18cm（32目）
3段
23段
折り山
（細編み）
6/0号針
23段
26cm
52段
3段
（鎖32目）作り目

□＝地糸
▨＝配色糸

入れ口から
1周（60目）引き抜き編み
7/0号針

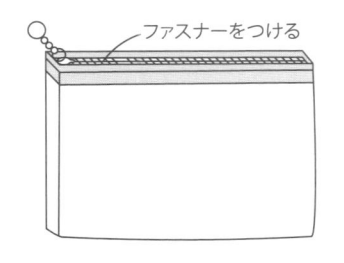

ファスナーをつける

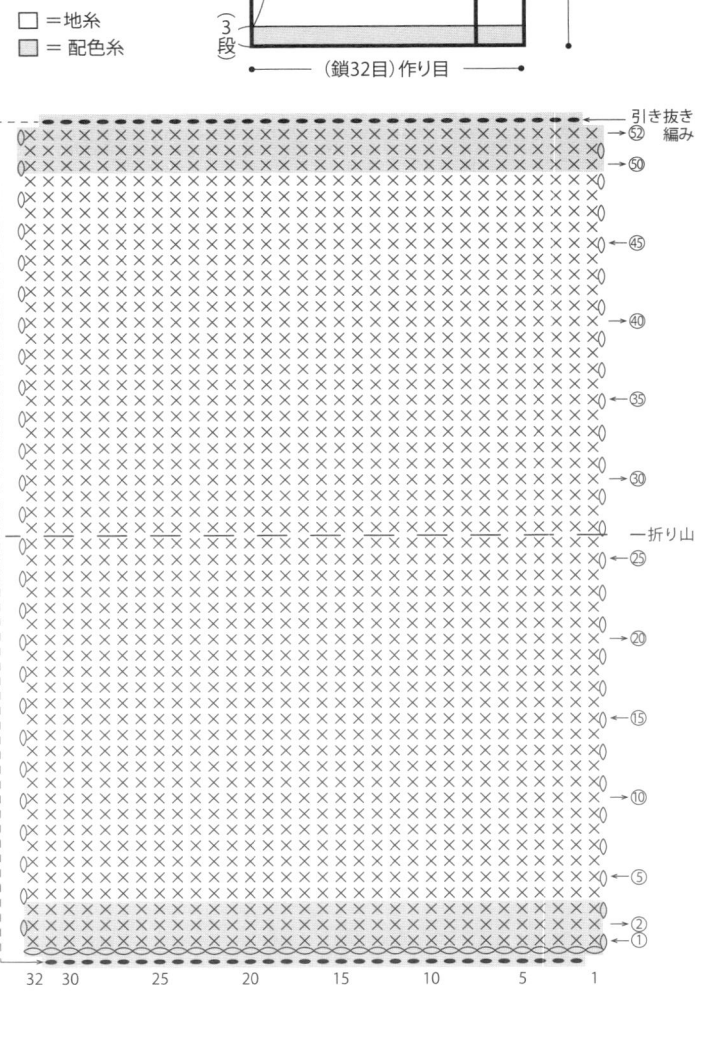

引き抜き
編み

折り山

引き上げ編み

◎ 材料と用具

	34	35
地糸：ハマナカ エコアンダリヤ 30g	レトロブルー（66）	
配色糸：ハマナカ エコアンダリヤ 25g	白（1）	レモンイエロー（11）
ファスナー（16cm）	ブルー	水色

超強力布用両面テープ（幅5mm）各40cm
かぎ針6/0号、7/0号（入れ口の引き抜き編み用）

◎ ゲージ
模様編み縞 10cm平方19目×20.5段

◎ できあがりサイズ
縦13cm×横17cm

◎ 作り方手順
＊編み始めと編み終わりの糸端は
　各50cmくらい残す（脇とじに使用）

① 6/0号針で鎖編みの作り目34目
　（地糸）→ p57参照

② 地糸で細編みを2段編む

③ 模様編み縞を52段編む

④ ピン打ちをし、スチームアイロンで
　大きさを整える → p59参照

⑤ 外表に合わせて脇をすくいとじする
　→ p60参照

⑥ 7/0号針で入れ口を引き抜き編み
　（地糸で片面32目、1周で64目
　編む）→ p61参照

⑦ 両面テープでファスナーをつける
　→ p62参照

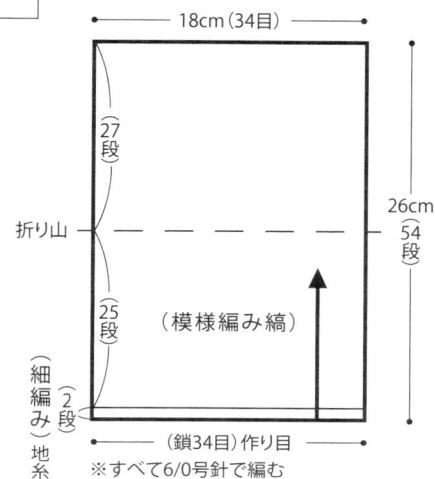

＝長編みの
表引き上げ編み

□・＝地糸
（レトロブルー）

□・×・＝配色糸

※すべて6/0号針で編む

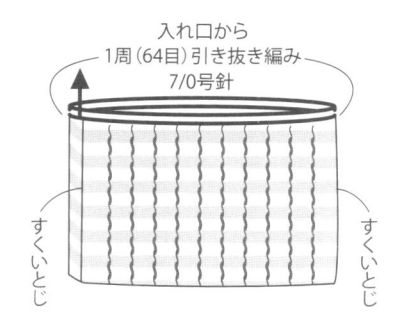

入れ口から
1周（64目）引き抜き編み
7/0号針

すくいとじ　すくいとじ

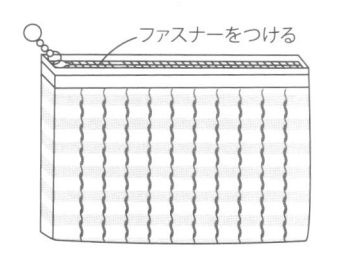

ファスナーをつける

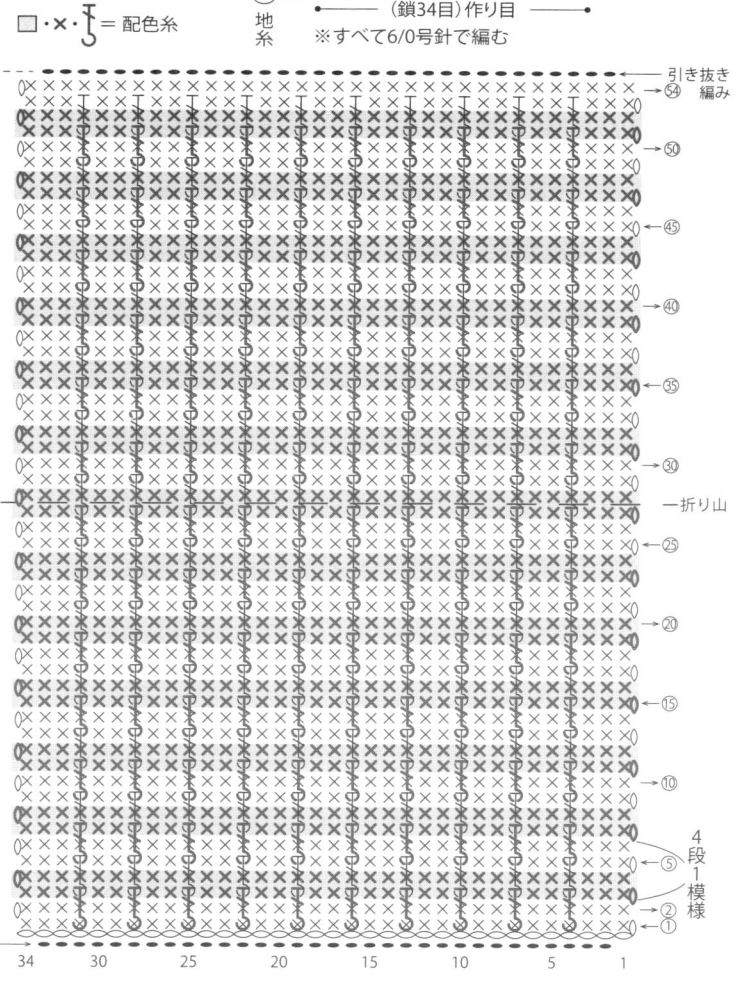

細編み×スクエア

◎ 材料と用具

	19	20	21
地糸：ハマナカ エコアンダリヤ 25g	ベージュ（23）		
配色糸：ハマナカ エコアンダリヤ 20g	オレンジ（98）	グリーン（17）	レトロピンク（71）
ファスナー（16cm）	ライトオレンジ	グリーン	グレイッシュピンク

超強力布用両面テープ（幅5mm）各40cm
かぎ針6/0号、7/0号（入れ口の引き抜き編み用）

◎ ゲージ
模様編み 10cm平方20.5目×20段

◎ できあがりサイズ
縦13cm×横17cm

◎ 作り方手順
＊編み始めと編み終わりの糸端は
　各50cmくらい残す（脇とじに使用）

❶ 左側の配色用に、配色糸6gを別に
　巻いておく

❷ 6/0号針で鎖編みの作り目37目（配色糸）
　→ p57参照

❸ 配色糸で細編み4目、模様編み29目、
　細編み4目を2段編む

❹ 3段めからは配色糸で細編み4目、
　地糸で模様編み29目、❶の糸をつけて
　4目細編みを編む
　※配色糸は縦に糸を渡し、左右別の
　　糸玉で編み進める

❺ 「配色糸で細編み、地糸で模様編み、
　配色糸で細編み」を50段まで編むが
　折り山の前後（4段）は配色糸で編む

❻ 配色糸で細編みと模様編みを2段編む

❼ ピン打ちをし、スチームアイロンで
　大きさを整える → p59参照

❽ 脇は、中表に合わせて巻きかがり、表に返す
　または、外表に合わせてすくいとじする

❾ 7/0号針で入れ口を引き抜き編み
　（配色糸で片面35目、1周で70目編む）
　→ p61参照

❿ 両面テープでファスナーをつける → p62参照

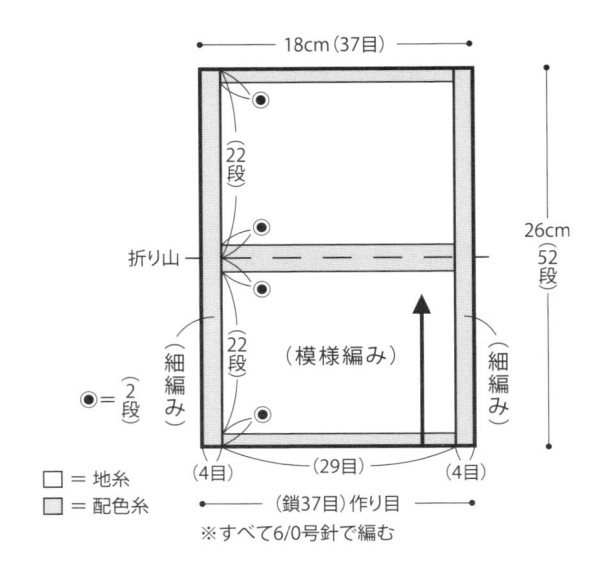

□ = 地糸
▨ = 配色糸

◉ = ②段

18cm（37目）
22段
折り山
26cm（52段）
22段
（細編み）
（模様編み）
（細編み）
（4目）（29目）（4目）
（鎖37目）作り目
※すべて6/0号針で編む

❽ 入れ口から
1周（70目）引き抜き編み
7/0号針 ❽

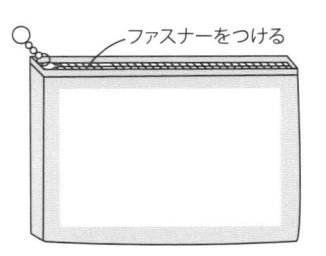

ファスナーをつける

□ = 地糸(ベージュ)
□ = 配色糸

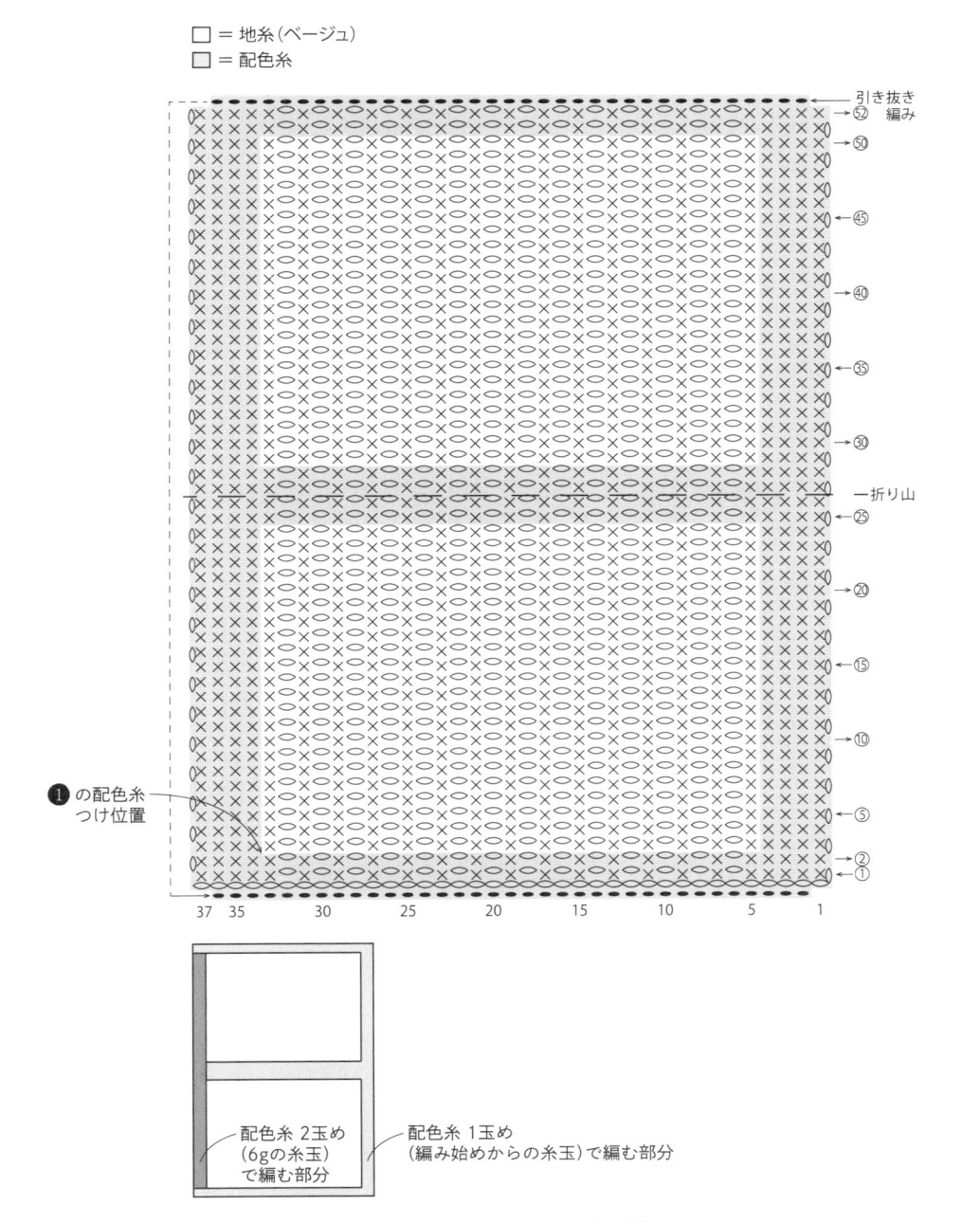

引き抜き
→ 52 編み
→ 50

→ 45

→ 40

→ 35

→ 30

―折り山
→ 25

→ 20

→ 15

→ 10

→ 5

→ 2
→ 1

❶の配色糸
つけ位置

37 35   30   25   20   15   10   5   1

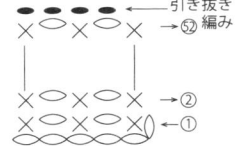

配色糸 2玉め
(6gの糸玉)
で編む部分

配色糸 1玉め
(編み始めからの糸玉)で編む部分

【模様編み部分の目の拾い方】

引き抜き
→ 52 編み

→ ②
→ ①

引き抜き編み =52段めの「鎖編みの下に針を入れて束に拾って引き抜く、
細編みの頭を拾って引き抜く」をくり返す

2段め以降 =前段の「細編みの頭を拾って細編み1目、鎖編み1目」をくり返す
1段め =鎖の半目と裏山を拾って
「細編み1目、作り目を1目拾わずに鎖編み1目編む」をくり返す

うね編み

◎ 材料と用具

ハマナカ エコアンダリヤ 35g	22	23
	ブラウンゴールド（172）	ゴールド（170）
ファスナー（16cm）	こげ茶	ライトブラウン

超強力布用両面テープ（幅5mm）各40cm
かぎ針6/0号、7/0号（入れ口の引き抜き編み用）

◎ ゲージ

細編みのうね編み 10cm平方20目×17段

◎ できあがりサイズ

縦13cm×横17cm

◎ 作り方手順

＊編み始めと編み終わりの糸端は
　各50cmくらい残す（脇とじに使用）

❶ 6/0号針で鎖編みの作り目36目
　→ p57参照

❷ 細編みのうね編みで
　（毎段、前段の細編みの頭の
　　向こう側半目を拾う）44段編む

❸ ピン打ちをし、スチームアイロンで
　大きさを整える → p59参照

❹ 脇は、中表に合わせて巻きかがり、
　表に返す。または、
　外表に合わせてすくいとじする

❺ 7/0号針で入れ口を引き抜き編み
　（片面34目、1周で68目編む）
　→ p61参照

❻ 両面テープでファスナーをつける
　→ p62参照

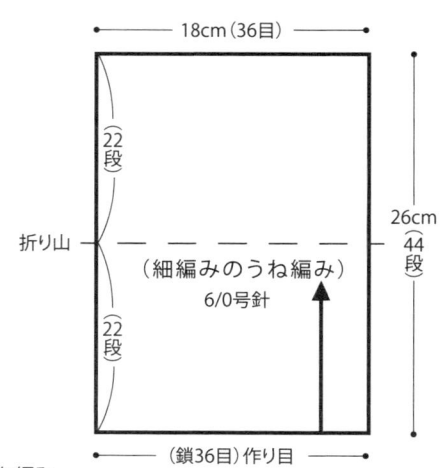

18cm（36目）
26cm
44段

（22段）

折り山

（細編みのうね編み）
6/0号針

（22段）

（鎖36目）作り目

入れ口から
1周（68目）引き抜き編み
7/0号針

❹　❹

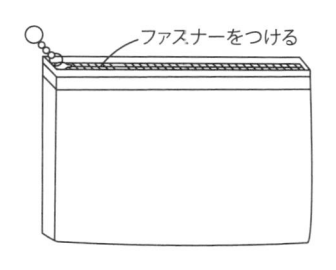

ファスナーをつける

×＝細編みのうね編み

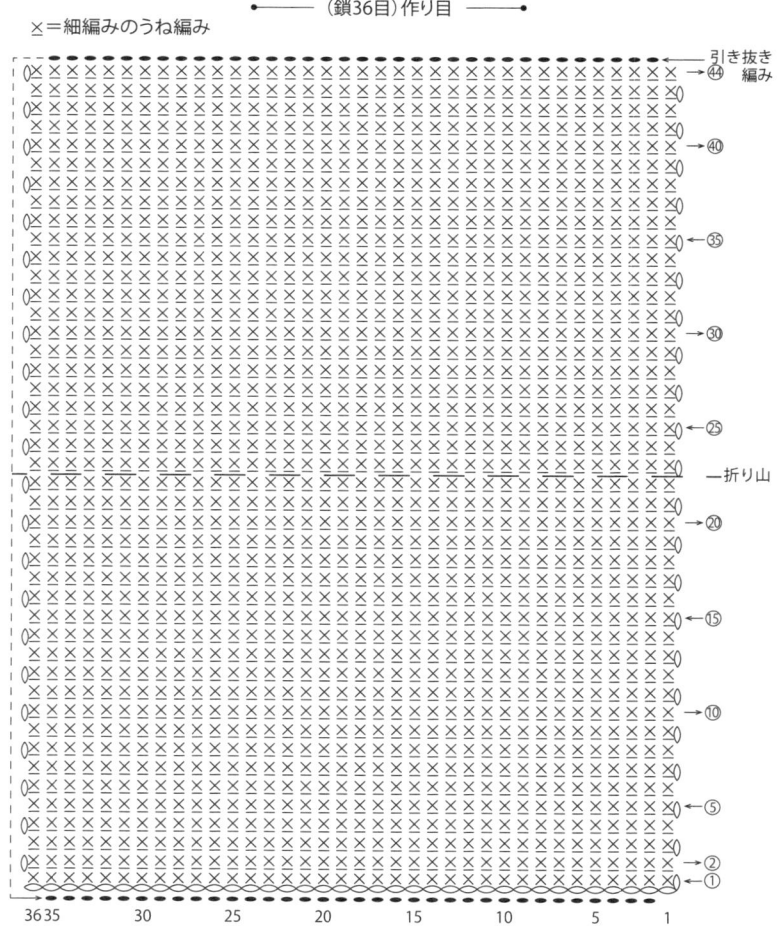

引き抜き編み
44
40
35
30
25
折り山
20
15
10
5
2
1

36 35　30　25　20　15　10　5　1

細編み×長編み

◎ 材料と用具

ハマナカ エコアンダリヤ 35g	24	25
	チャコールグレー（151）	レトロピンク（71）
ファスナー（16cm）	グレー	ピンク

超強力布用両面テープ（幅5mm）各40cm
かぎ針6/0号、7/0号（入れ口の引き抜き編み用）

◎ ゲージ

模様編み 10cm平方18目、1模様（2段）1.7cm

◎ できあがりサイズ

縦13cm×横17cm

◎ 作り方手順

※編み始めと編み終わりの糸端は
　各50cmくらい残す（脇とじに使用）

❶ 6/0号針で鎖編みの作り目32目
　　→ p57参照

❷ 細編みを1段編む

❸ 模様編みを30段編む
　　（偶数段の長編みの表を表側として使用）

❹ ピン打ちをし、スチームアイロンで
　　大きさを整える → p59参照

❺ 脇は、中表に合わせて巻きかがり
　　表に返す。または、
　　外表に合わせてすくいとじする

❻ 7/0号針で入れ口を引き抜き編み
　　（片面30目、1周で60目編む）
　　→ p61参照

❼ 両面テープでファスナーをつける
　　→ p62参照

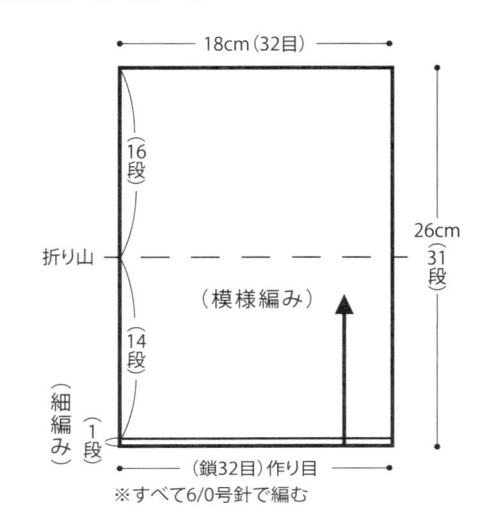

18cm（32目）

16段

折り山

26cm
31段

14段

（模様編み）

（細編み）1段

（鎖32目）作り目
※すべて6/0号針で編む

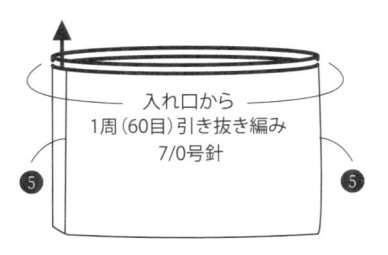

入れ口から
1周（60目）引き抜き編み
7/0号針

❺　　　❺

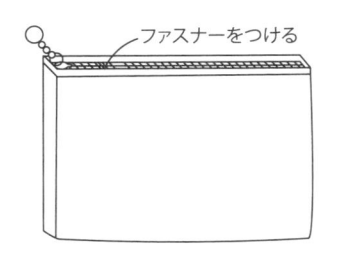

ファスナーをつける

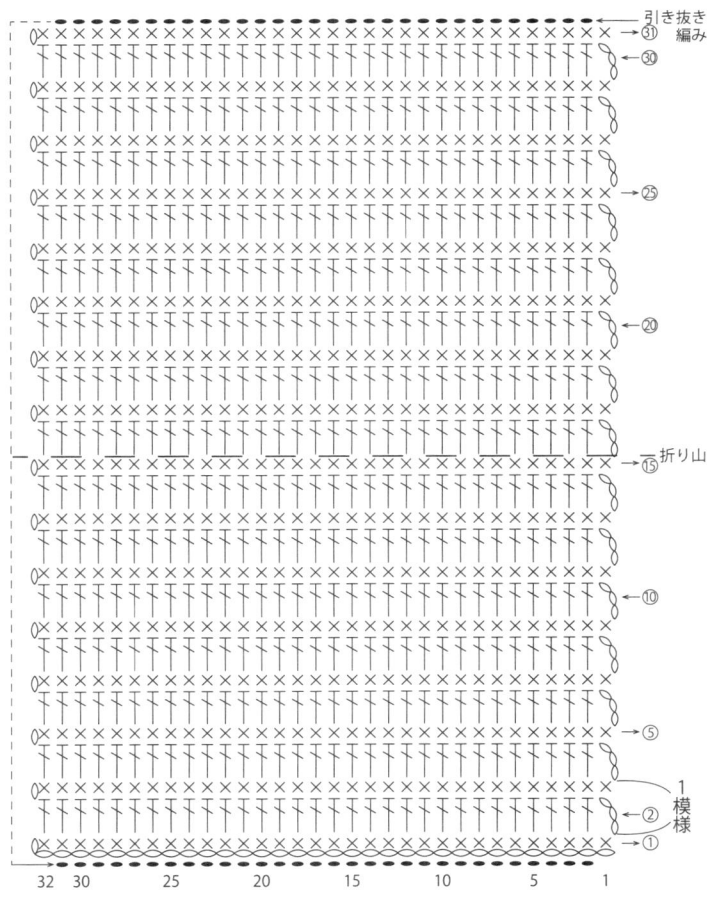

引き抜き編み

31
30

25

20

15 折り山

10

5

1模様

2
1

32 30　　25　　20　　15　　10　　5　　1

松編み ①

◎ 材料と用具

	26	27
ハマナカ エコアンダリヤ 40g	オフホワイト（168）	白（1）
ファスナー（16cm）	ベージュ	白

超強力布用両面テープ（幅5mm）　各40cm
かぎ針6/0号

◎ ゲージ

模様編み 10cm平方17.5目×10段

◎ できあがりサイズ

縦13cm×横17cm

◎ 作り方手順

＊編み始めと編み終わりの糸端は
　各50cmくらい残す（脇とじに使用）

❶ 鎖編みの作り目31目 → p57参照

❷ 細編みを1段編む
　（底の裏側を表として使用）

❸ 模様編みで13段編む

❹ 鎖編みの作り目の残り半目を拾って
　模様編みで13段編む

❺ ピン打ちをし、スチームアイロンで
　大きさを整える → p59参照

❻ 脇は、中表に合わせて巻きかがり
　表に返す。または、
　外表に合わせてすくいとじする

❼ 両面テープでファスナーをつける
　→ p62参照

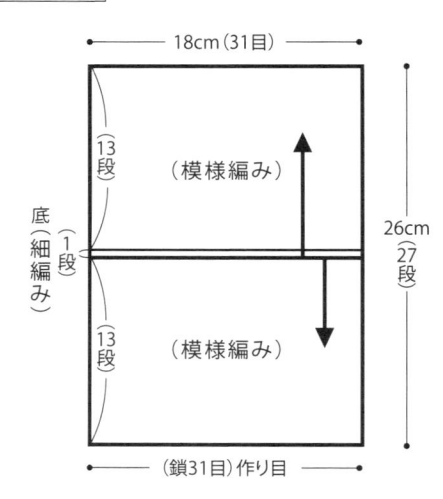

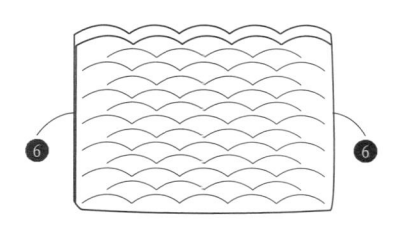

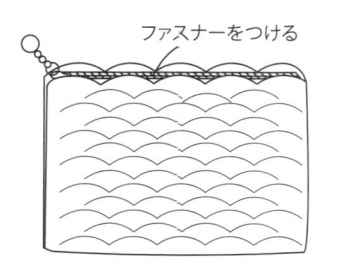

ファスナーをつける

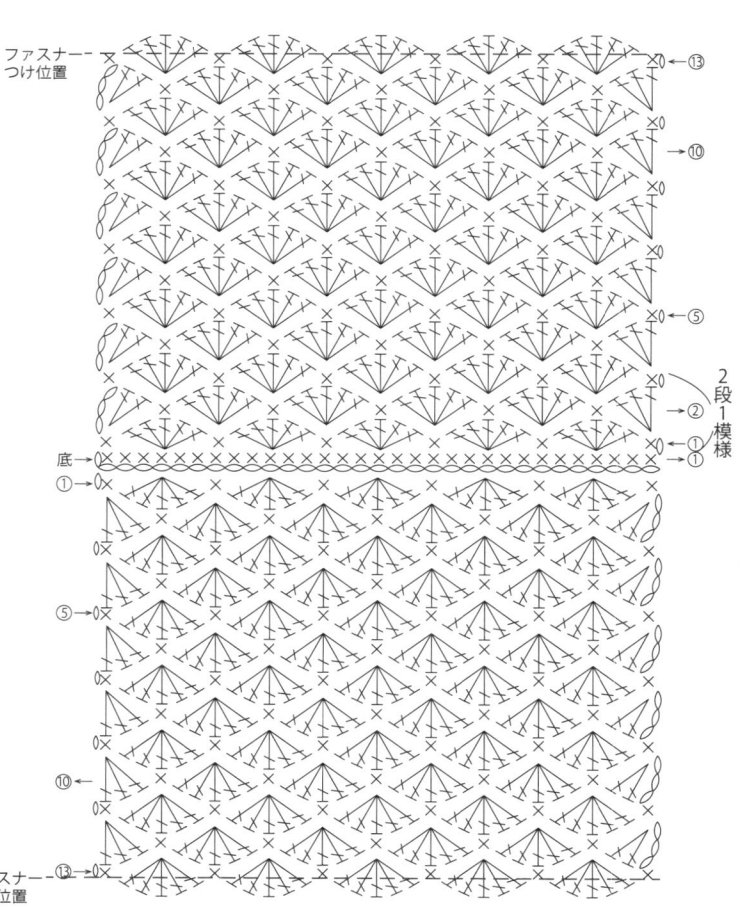

松編み ②

◎ 材料と用具

	28	29
地糸：ハマナカ エコアンダリヤ 16g	チェリー（37）	コーヒーブラウン（16）
配色糸a：ハマナカ エコアンダリヤ 12g	ライトグレー（148）	グレイッシュピンク（54）
配色糸b：ハマナカ エコアンダリヤ 12g	白（1）	ライトグレー（148）
ファスナー（16cm）	赤	こげ茶

超強力布用両面テープ（幅5mm） 各40cm
かぎ針6/0号

◎ ゲージ

模様編み縞 10cm平方17.5目×10段

◎ できあがりサイズ

縦13cm×横17cm

◎ 作り方手順

＊編み始めと編み終わりの糸端は
　各50cmくらい残す（脇とじに使用）

❶ 鎖編みの作り目31目（地糸）
　→ p57参照

❷ 地糸で細編みを1段編む
　（底の裏側を表として使用）

❸ 配色をしながら模様編み縞で13段編む
　（各色端まで編んで休め、次に編む段で
　つれないように引き上げて編む）

❹ 地糸で鎖編みの作り目の残り半目を
　拾って、模様編み縞で13段編む

❺ ピン打ちをし、スチームアイロンで
　大きさを整える → p59参照

❻ 外表に合わせて脇をすくいとじする

❼ 両面テープでファスナーをつける
　→ p62参照

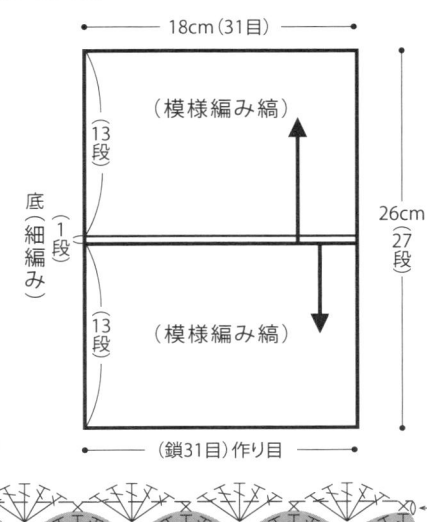

18cm（31目）
13段
底（細編み）
1段
13段
26cm（27段）
（模様編み縞）
（模様編み縞）
（鎖31目）作り目

□＝地糸
▨＝配色糸a
▨＝配色糸b

すくいとじ　　すくいとじ

ファスナーをつける

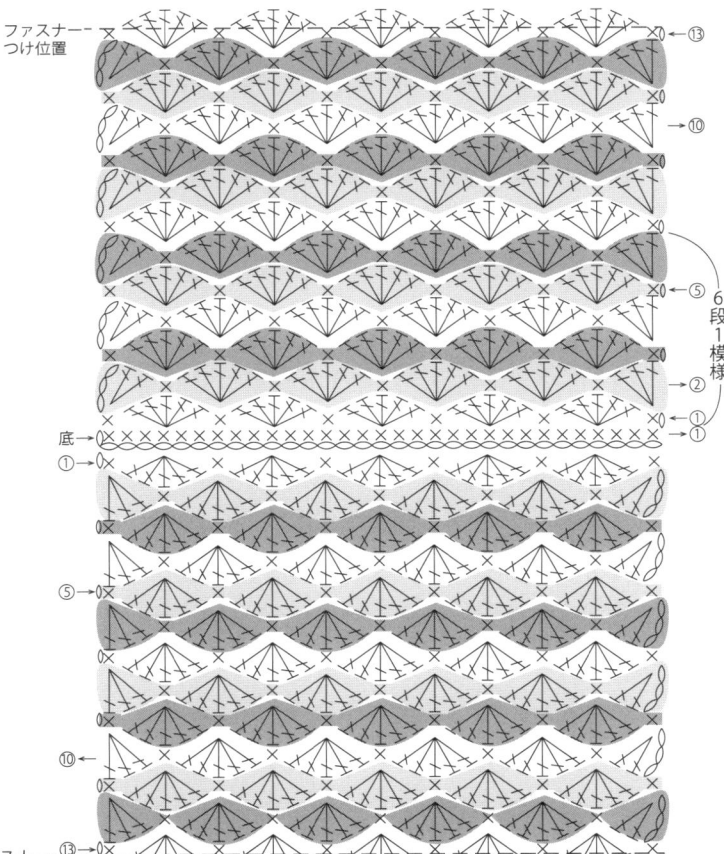

ファスナーつけ位置
底
ファスナーつけ位置
6段1模様

ハナミズキ柄

p18,19

◎ 材料と用具

	30	31
地糸：ハマナカ エコアンダリヤ 32g	シルバー（173）	ゴールド（170）
配色糸：ハマナカ エコアンダリヤ 30g	マリンブルー（72）	白（1）
ファスナー（16cm）	グレー	ライトブラウン

超強力布用両面テープ（幅5mm）各40cm
かぎ針6/0号、7/0号（入れ口の引き抜き編み用）

◎ ゲージ
編み込み模様 10cm平方18.5目×14.5段

◎ できあがりサイズ
縦13cm×横17cm

◎ 作り方手順
＊編み始めと編み終わりの糸端は
　各50cmくらい残す（脇とじに使用）

❶ 6/0号針で鎖編みの作り目34目（地糸）
　→ p57参照

❷ 地糸で細編みを2段編むが、2段めは
　目を飛ばして3目編み入れながら編む

❸ 配色をしながら編み込み模様で36段編む
　★の段を編むときも地糸で配色糸を
　編みくるみながら編む（糸を横に渡す方法）
　最終段は地糸のみで1段編む

❹ ピン打ちをし、スチームアイロンで
　大きさを整える → p59参照

❺ 脇は、中表に合わせて巻きかがり
　表に返す。または、
　外表に合わせてすくいとじする

❻ 7/0号針で入れ口を引き抜き編み
　（地糸で片面32目、1周で64目編む）
　→ p61参照

❼ 両面テープでファスナーをつける
　→ p62参照

□ ＝地糸

□・⊼⊤⊻ ＝ 配色糸

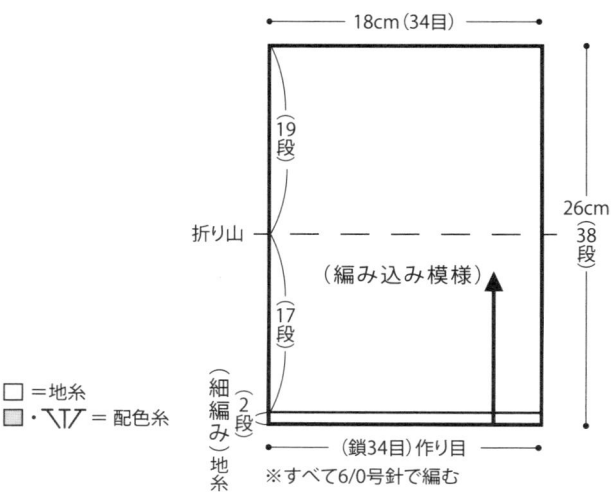

18cm（34目）

19段

折り山

17段

（編み込み模様）

26cm
38段

（細編み）地糸
（2段）

（鎖34目）作り目

※すべて6/0号針で編む

入れ口から
1周（64目）引き抜き編み
7/0号針

❺　　　❺

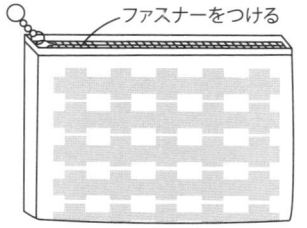

ファスナーをつける

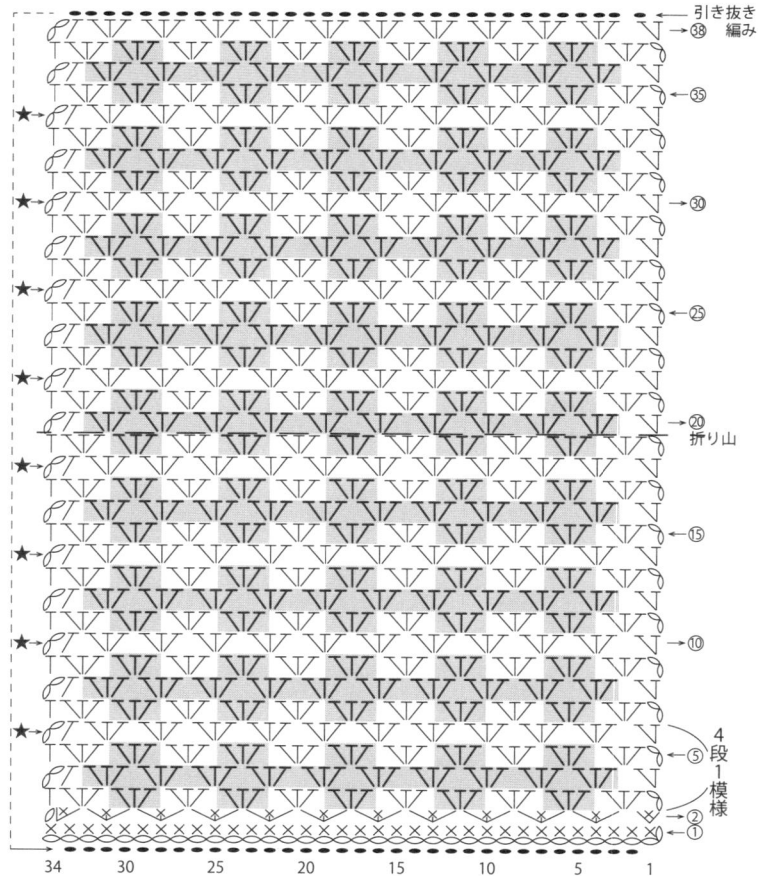

引き抜き編み 38

35

30

25

20 折り山

15

10

4段1模様

34　30　25　20　15　10　5　1

ハート柄

p46

◎ 材料と用具

	94	95
地糸：ハマナカ エコアンダリヤ 25g	オレンジ（98）	チェリー（37）
配色糸：ハマナカ エコアンダリヤ 20g	オフホワイト（168）	レトロピンク（71）
ファスナー（16cm）	ライトオレンジ	赤

超強力布用両面テープ（幅5mm）各40cm
かぎ針6/0号、7/0号（入れ口の引き抜き編み用）

◎ ゲージ

編み込み模様 10cm平方18.5目×20段

◎ できあがりサイズ

縦13cm×横17cm

◎ 作り方手順

＊編み始めと編み終わりの糸端は
各50cmくらい残す（脇とじに使用）

① 6/0号針で鎖編みの作り目33目
（地糸）→ p57参照

② 地糸で細編みを2段編む

③ 編み込み模様を48段編む

④ 地糸で細編みを2段編む

⑤ ピン打ちをし、スチームアイロンで
大きさを整える → p59参照

⑥ 脇は、中表に合わせて巻きかがり
表に返す。または、
外表に合わせてすくいとじする

⑦ 7/0号針で入れ口を引き抜き編み
（地糸で片面31目、1周で62目編む）
→ p61参照

⑧ 両面テープでファスナーをつける
→ p62参照

●編み込み模様は
糸を縦に渡す方法と
横に渡す方法で編む

□ = 地糸
▨ = 配色糸
▣ = 地糸で配色糸を
編みくるむ部分
◁ = 糸をつける
◀ = 糸を切る

※すべて6/0号針で編む

18cm（33目）
（細編み）地糸 2段
24段
折り山
（編み込み模様）
24段
（細編み）地糸 2段
（鎖33目）作り目
26cm 52段

入れ口から
1周（62目）引き抜き編み
7/0号針

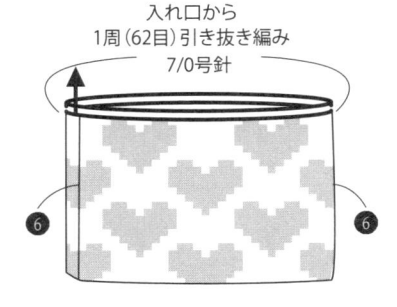

ファスナーをつける

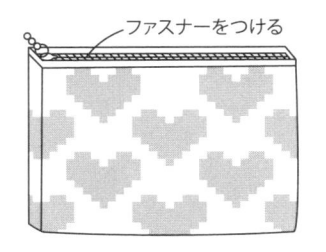

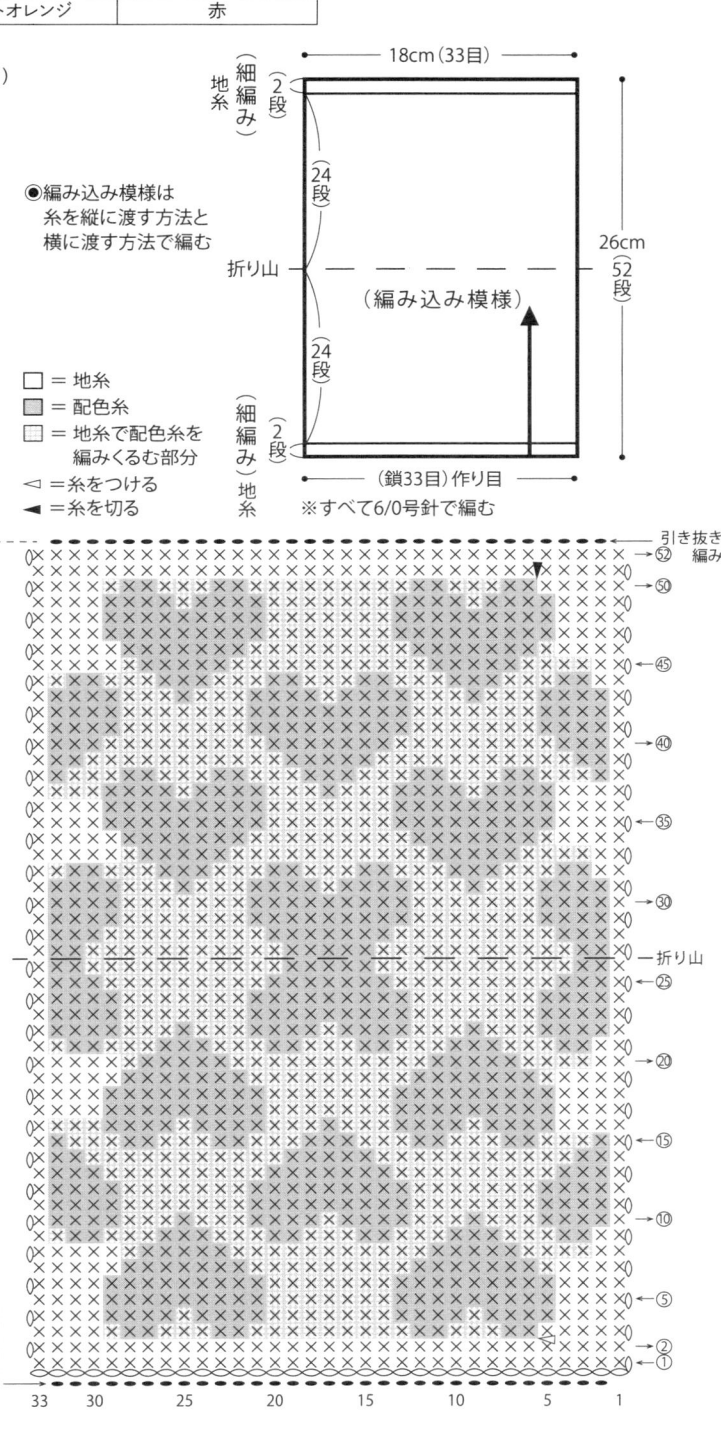

引き抜き編み

玉編み

p20

◎ 材料と用具

	32	33
地糸：ハマナカ エコアンダリヤ 25g	白（1）	レモンイエロー（11）
配色糸 a：ハマナカ エコアンダリヤ 23g	キャンディピンク（46）	プラチナ（174）
配色糸 b：ハマナカ エコアンダリヤ《ミックスカラー》22g	ブルー系（269）	パープル系（263）
ファスナー（16cm）	白	クリーム色

超強力布用両面テープ（幅5mm） 各40cm
かぎ針6/0号、7/0号（作り目と入れ口の引き抜き編み用）

◎ ゲージ
模様編み縞 10cm16目。1模様2段＝1.5cm

◎ できあがりサイズ
縦13.5cm×横17cm

◎ 作り方手順
＊編み始めと編み終わりの糸端は
　各50cmくらい残す（脇とじに使用）
　また、模様のボリュームに対して
　目数が少ないため、作り目と
　引き抜き編みはゆったり編む

❶ 7/0号針で鎖編みの作り目29目
　（地糸）→ p57参照

❷ 6/0号針に替えて模様編み縞で
　36段編む
　※色を替えるときは脇で糸を縦に
　　渡して色替えをするが、底部分の
　　配色糸 b以外は、一旦糸を切り
　　新たに糸をつけて編む方が
　　きれいに仕上がる

❸ 最終段は地糸で細編みを1段編む

❹ ピン打ちをし、スチームアイロンで
　大きさを整える → p59参照

❺ 外表に合わせて脇をすくいとじする

❻ 7/0号針で入れ口を引き抜き編み
　（配色糸 bですくいとじした
　　両端からも1目ずつ拾い、
　　片面29目、1周で58目編む）
　→ p61参照

❼ 両面テープでファスナーをつける
　→ p62参照

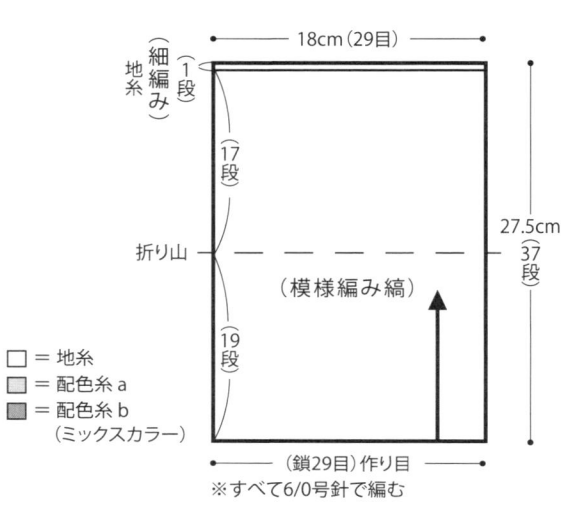

□ = 地糸
▨ = 配色糸 a
▨ = 配色糸 b
　（ミックスカラー）

（細編み）
地糸
1段
17段
折り山
19段
18cm（29目）
27.5cm
37段
（模様編み縞）
（鎖29目）作り目
※すべて6/0号針で編む

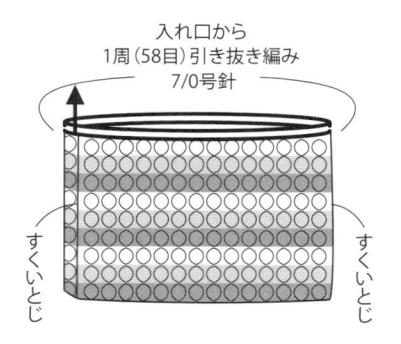

入れ口から
1周（58目）引き抜き編み
7/0号針
すくいとじ
すくいとじ

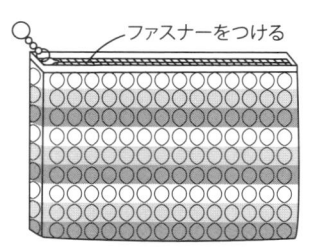

ファスナーをつける

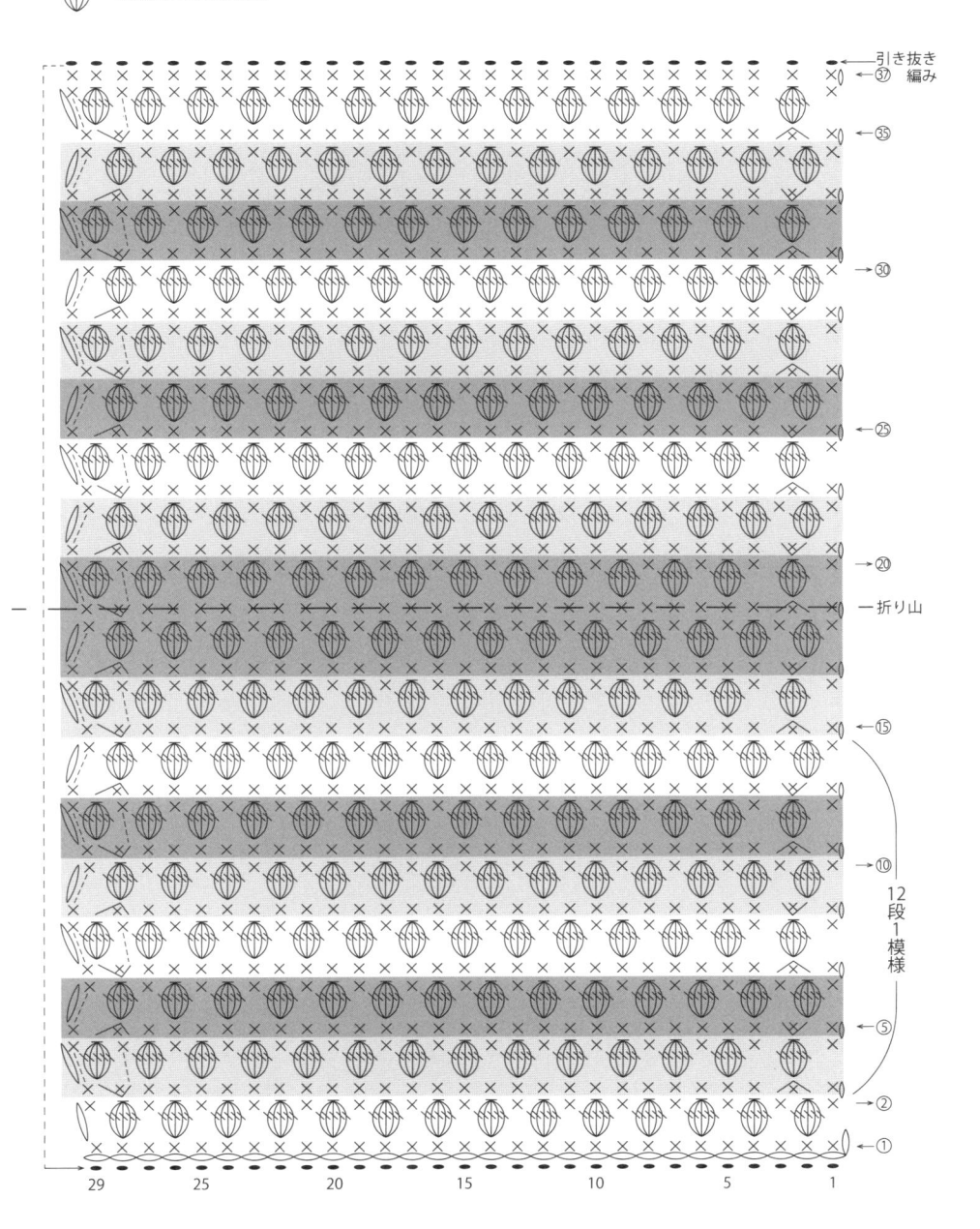

□ = 地糸
□ = 配色糸 a
■ = 配色糸 b（ミックスカラー）

= 長編み5目の玉編み

引き抜き
編み

折り山

12段1模様

ファー Knit pouch

ダイヤモンドワッフル

p22,23

◎ 材料と用具

	36	37
地糸：ハマナカ エコアンダリヤ 30g	レトロブルー（66）	チャコールグレー（151）
配色糸 a：ハマナカ エコアンダリヤ 20g	白（1）	
配色糸 b：ハマナカ エコアンダリヤ 15g	ミントグリーン（902）	ライトグレー（148）
ファスナー（16cm）	水色	グレー

超強力布用両面テープ（幅5mm）各40cm
かぎ針6/0号、7/0号（入れ口の引き抜き編み用）

◎ ゲージ

模様編み縞 10cm平方 8.5目×22.5段

◎ できあがりサイズ

縦13cm×横17cm

◎ 作り方手順

＊編み始めと編み終わりの糸端は
　各50cmくらい残す（脇とじに使用）

❶ 6/0号針で鎖編みの作り目33目（地糸）
　→ p57参照

❷ 地糸で細編みを1段編む
　（この段を裏側として使用する）

❸ 模様編み縞を57段編む

❹ 地糸で細編みを1段編む

❺ ピン打ちをし、スチームアイロンで
　大きさを整える → p59参照

❻ 中表に合わせて脇を引き上げ編み部分を
　合わせて巻きかがり、表に返す

❼ 7/0号針で入れ口を引き抜き編み
　（地糸で片面31目、1周で62目編む）
　→ p61参照

❽ 両面テープでファスナーをつける
　→ p62参照

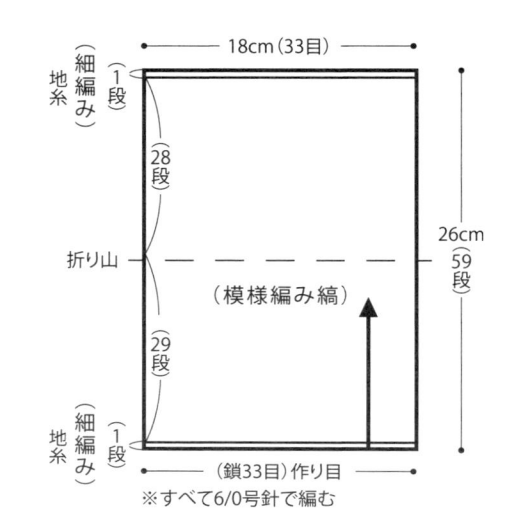

（細編み）地糸 (1)段
18cm（33目）
(28)段
折り山　26cm 59段
（模様編み縞）
(29)段
（細編み）地糸 (1)段
（鎖33目）作り目
※すべて6/0号針で編む

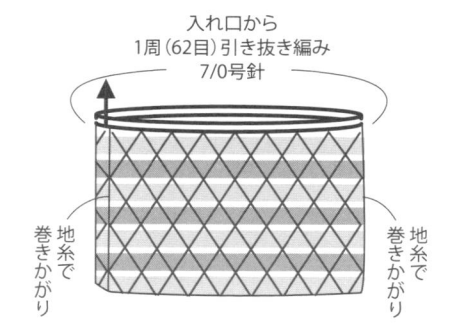

入れ口から
1周（62目）引き抜き編み
7/0号針

地糸で巻きかがり　地糸で巻きかがり

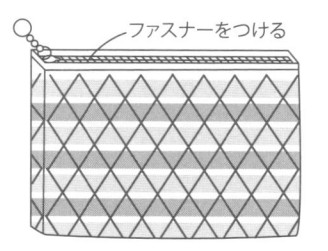

ファスナーをつける

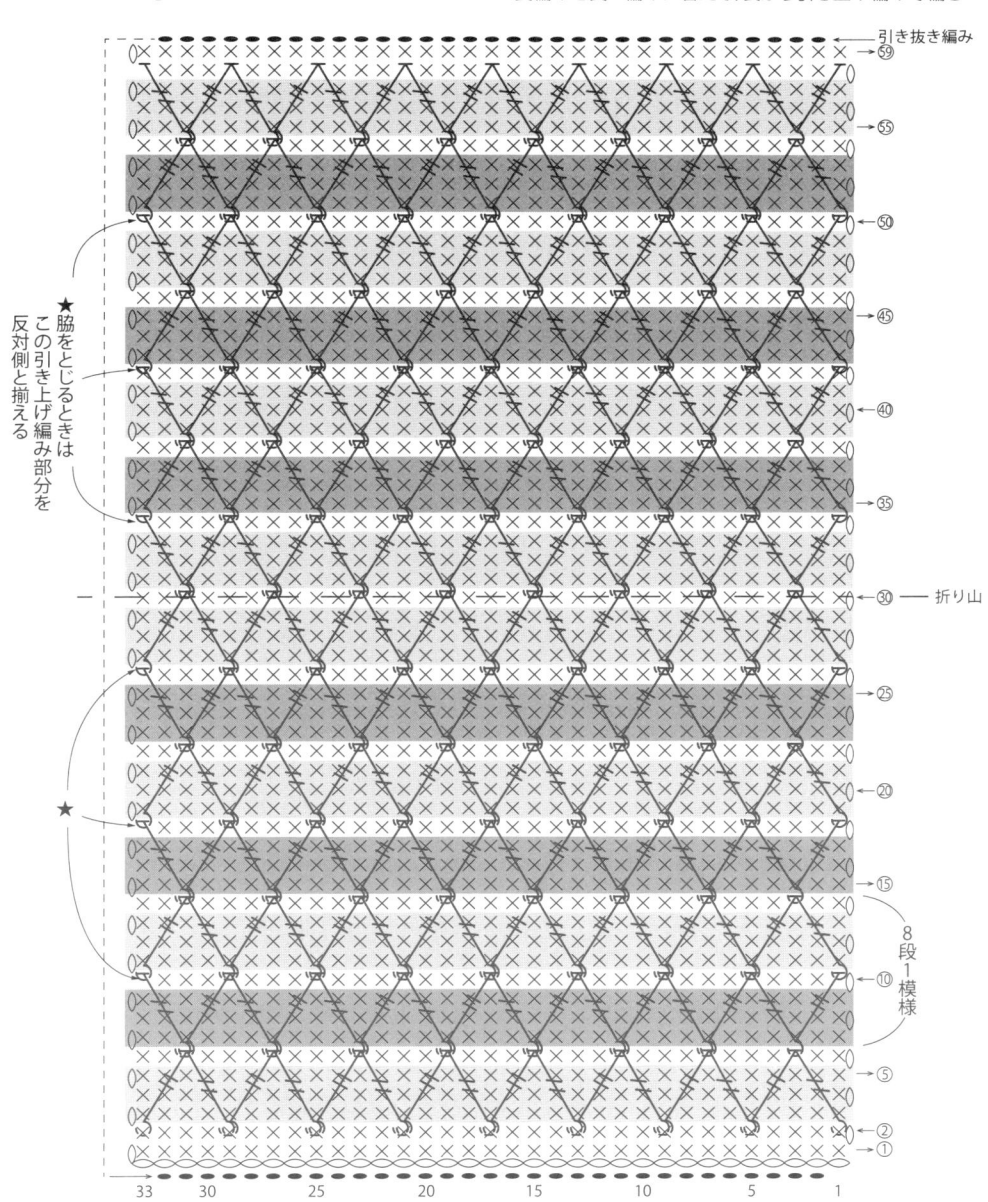

★ 脇をとじるときは
この引き上げ編み部分を
反対側と揃える

引き抜き編み

折り山

8段1模様

アルファベット

◎ 材料と用具

地糸：ハマナカ エコアンダリヤ 39g	38-A	39-B	40-C	41-D	42-E	43-F
	オフホワイト（168）					
配色糸：ハマナカ エコアンダリヤ 2g	カーキ（59）	ブラウン（159）	オリーブ（61）	レトログリーン（68）	コバルトブルー（901）	ライムイエロー（19）
ファスナー（16cm）	白					

地糸：ハマナカ エコアンダリヤ 39g	44-G	45-H	46-I	47-J	48-K	49-L
	オフホワイト（168）		ベージュ（23）			
配色糸：ハマナカ エコアンダリヤ 2g	レトロピンク（71）	キャンディピンク（46）	チェリー（37）	オレンジ（98）	グリーン（17）	ディープグリーン（158）
ファスナー（16cm）	白		ベージュ			

地糸：ハマナカ エコアンダリヤ 39g	50-M	51-N	52-O	53-P	54-Q	55-R
	ベージュ（23）					黒（30）
配色糸：ハマナカ エコアンダリヤ 2g	ブルー（20）	マリンブルー（72）	コーヒーブラウン（16）	チャコールグレー（151）	黒（30）	白（1）
ファスナー（16cm）	ベージュ					黒

地糸：ハマナカ エコアンダリヤ 39g	56-S	57-T	58-U	59-V	60-W	61-X
	黒（30）					
配色糸：ハマナカ エコアンダリヤ 2g	オフホワイト（168）	ベージュ（23）	ナチュラル（42）	レモンイエロー（11）	ミントグリーン（902）	レトロブルー（66）
ファスナー（16cm）	黒					

地糸：ハマナカ エコアンダリヤ 39g	62-Y	63-Z
	黒（30）	
配色糸：ハマナカ エコアンダリヤ 2g	ライトグレー（148）	チェリー（37）
ファスナー（16cm）	黒	

超強力布用両面テープ（幅5mm）各40cm
かぎ針6/0号、7/0号（入れ口の引き抜き編み用）

◎ ゲージ
細編み、編み込み模様とも 10cm平方18目×20段

◎ できあがりサイズ
縦13cm×横17cm

◎ 作り方手順
＊編み始めと編み終わりの糸端は
　各50cmくらい残す（脇とじに使用）

❶ 6/0号針で鎖編みの作り目32目（地糸）
　→ p57参照

❷ 地糸で細編みを30段編む

❸ 図を参照して細編みの編み込み模様を編み
　（編む糸でもう1色をくるみながら編む）
　続けて細編みを編む

❹ ピン打ちをし、スチームアイロンで
　大きさを整える → p59参照

❺ 脇は、中表に合わせて巻きかがり、表に返す
　または、外表に合わせてすくいとじする

❻ 7/0号針で入れ口を引き抜き編み
　（地糸で片面30目、1周で60目編む）
　→ p61参照

❼ 両面テープでファスナーをつける
　→ p62参照

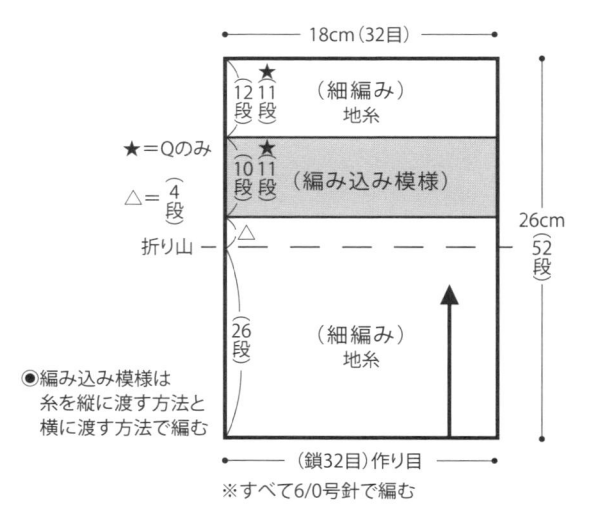

18cm（32目）

★
12　11
段　段　（細編み）地糸

★＝Qのみ

★
10　11
段　段　（編み込み模様）

△＝④段

折り山

△

26
段　（細編み）地糸

26cm
52段

●編み込み模様は
糸を縦に渡す方法と
横に渡す方法で編む

（鎖32目）作り目

※すべて6/0号針で編む

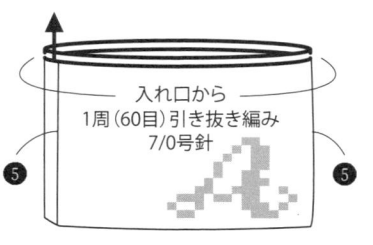

❺　入れ口から
1周（60目）引き抜き編み
7/0号針

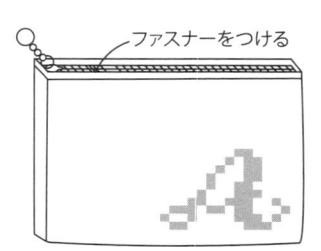

ファスナーをつける

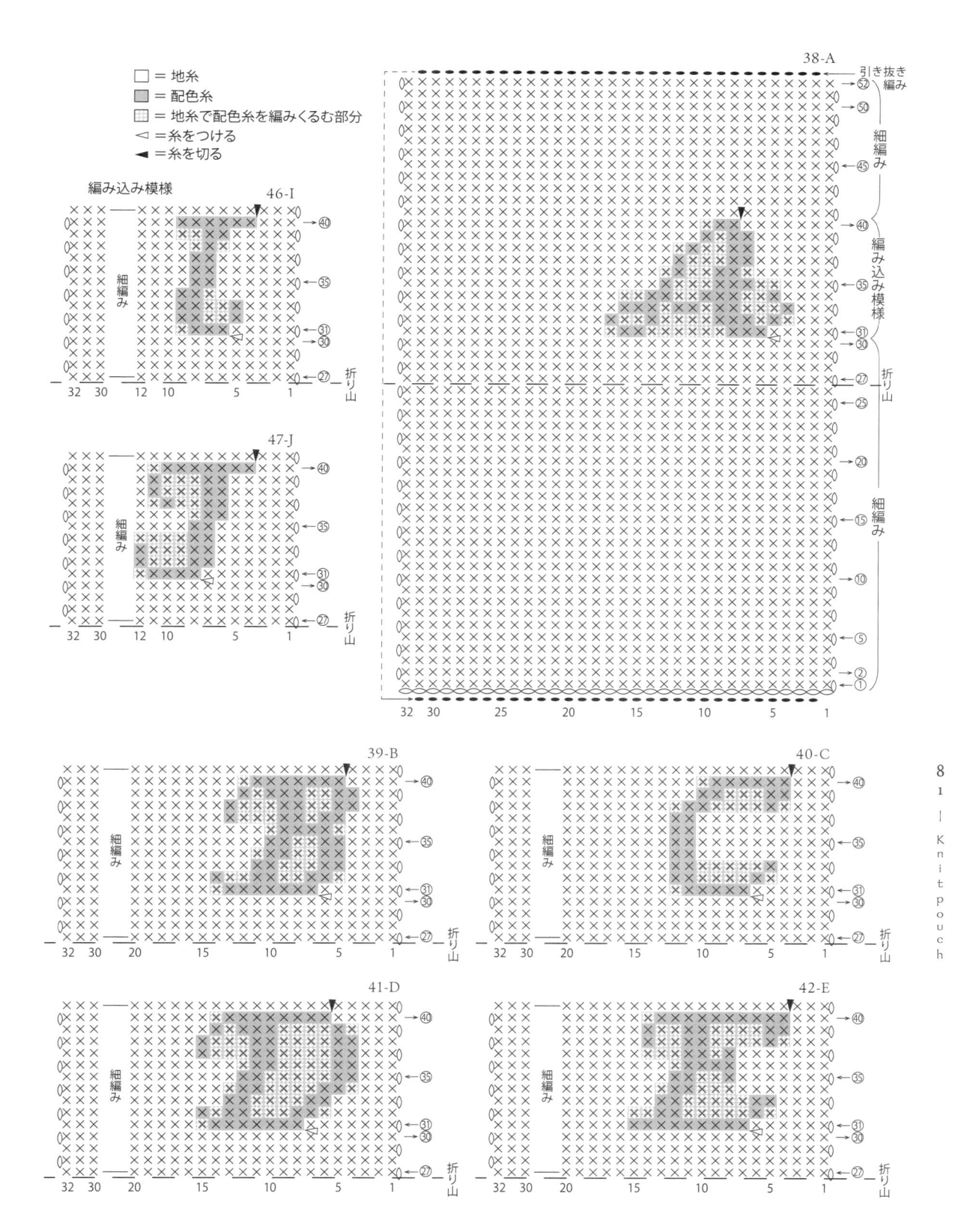

編み込み模様

43-F

44-G

45-H

48-K

49-L

50-M

51-N

52-O

53-P

54-Q

編み込み模様

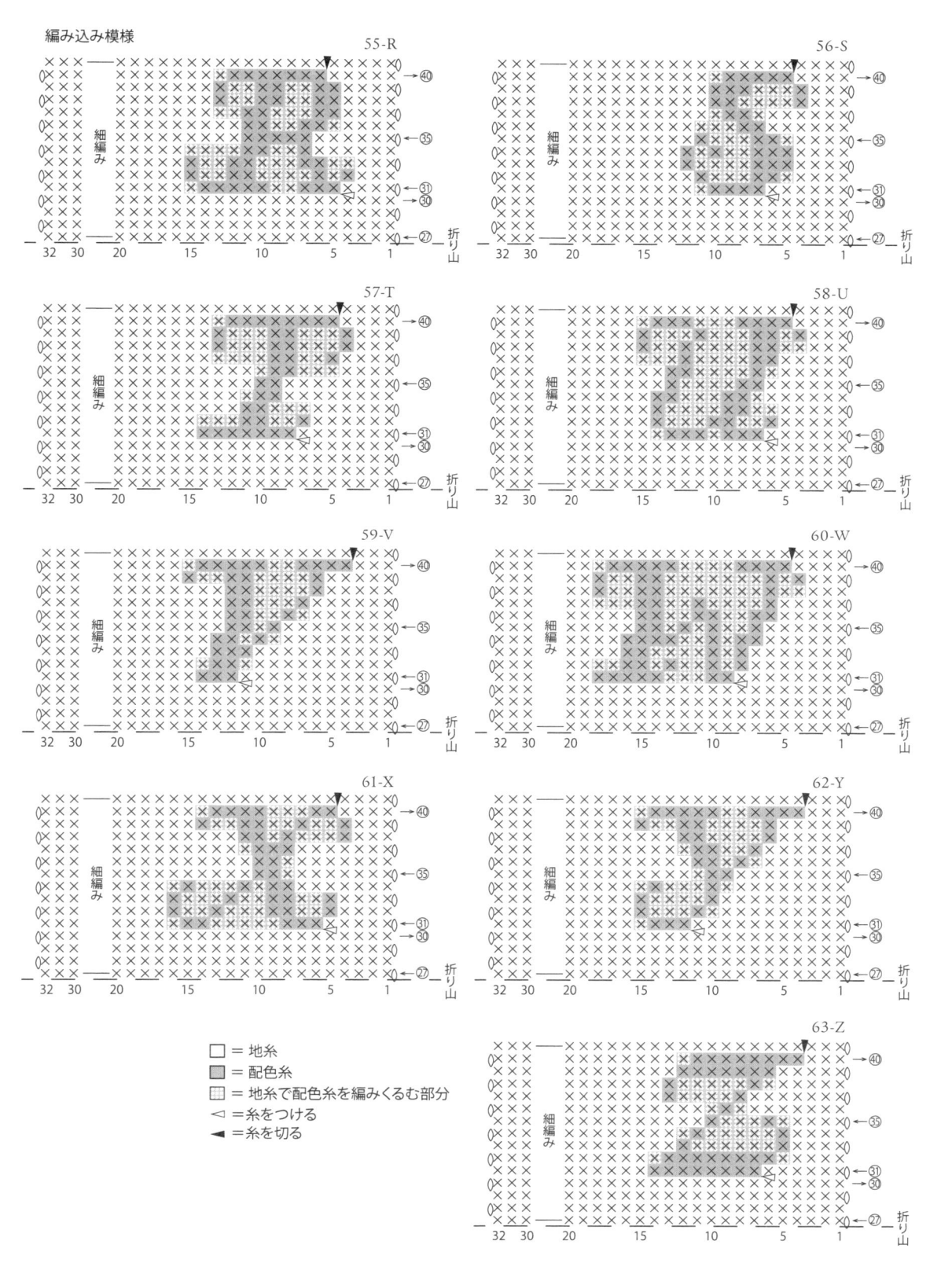

□ = 地糸
▨ = 配色糸
▦ = 地糸で配色糸を編みくるむ部分
◁ = 糸をつける
◀ = 糸を切る

ねこ柄4種

◎ 材料と用具

	64	65	66	67
地糸：ハマナカ エコアンダリヤ 36g	黒(30)	ナチュラル(42)	白(1)	ライトグレー(148)
配色糸：ハマナカ エコアンダリヤ 5g	ライトグレー(148)	キャンディピンク(46)	レトロイエロー(69)	ブラウン(159)
ファスナー（16cm）	黒	ベージュ	白	グレー

超強力布用両面テープ（幅5mm）各40cm
かぎ針6/0号、7/0号（入れ口の引き抜き編み用）

◎ ゲージ
細編み、編み込み模様とも 10cm平方18目×20段

◎ できあがりサイズ
縦13cm×横17cm

◎ 作り方手順
＊編み始めと編み終わりの糸端は
各50cmくらい残す（脇とじに使用）

❶ 6/0号針で鎖編みの作り目32目（地糸）
→ p57参照

❷ 地糸で細編みを26段編む

❸ 図を参照して編み込み模様を編む
（編む糸でもう1色をくるみながら編む）

❹ ピン打ちをし、スチームアイロンで
大きさを整える → p59参照

❺ 脇は、中表に合わせて巻きかがり
表に返す。または、
外表に合わせてすくいとじする

❻ 7/0号針で入れ口を引き抜き編み
（地糸で片面30目。1周で60目編む）
→ p61参照

❼ 両面テープでファスナーをつける
→ p62参照

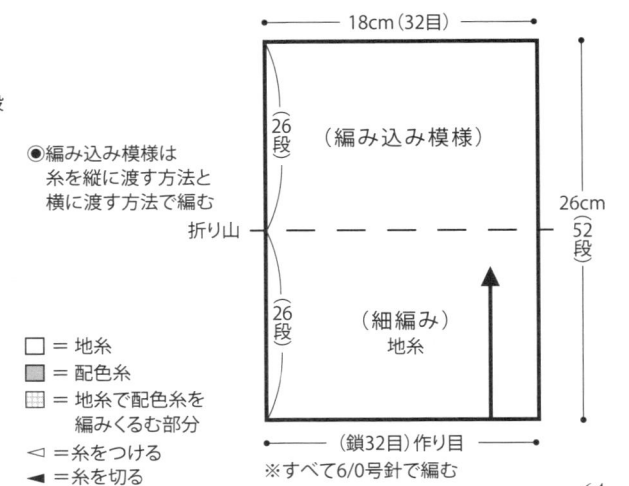

●編み込み模様は
糸を縦に渡す方法と
横に渡す方法で編む

折り山

18cm（32目）
26段
（編み込み模様）
26cm
52段
26段
（細編み）
地糸
（鎖32目）作り目
※すべて6/0号針で編む

□ ＝地糸
▨ ＝配色糸
▦ ＝地糸で配色糸を
編みくるむ部分
◁ ＝糸をつける
◀ ＝糸を切る

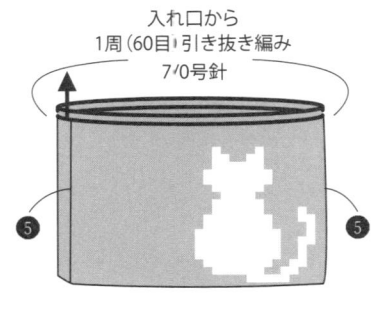

入れ口から
1周（60目）引き抜き編み
7/0号針

ファスナーをつける

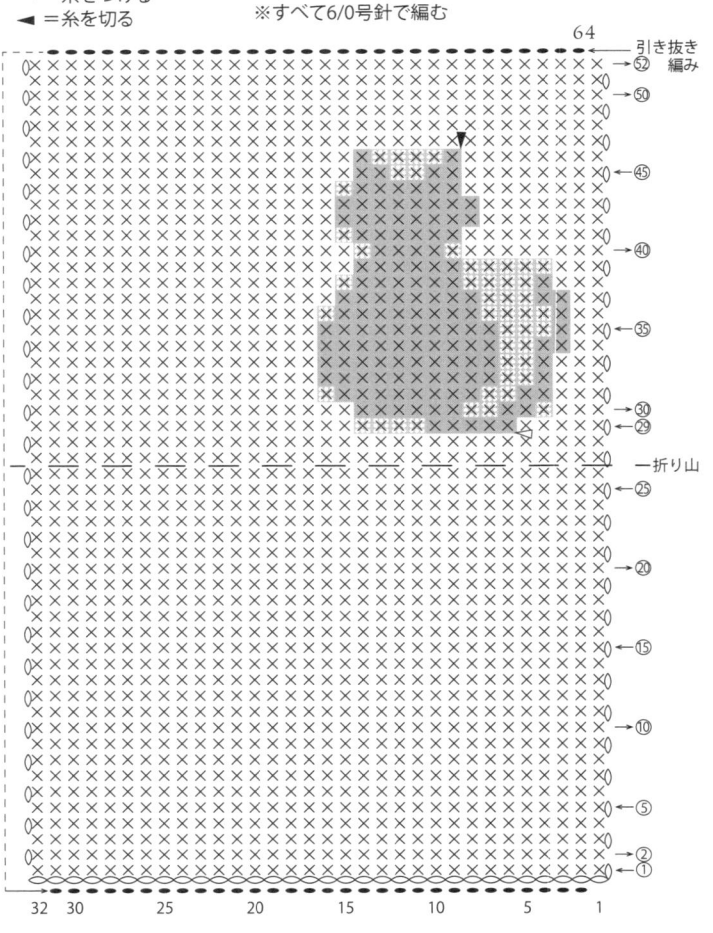

64
引き抜き編み
折り山

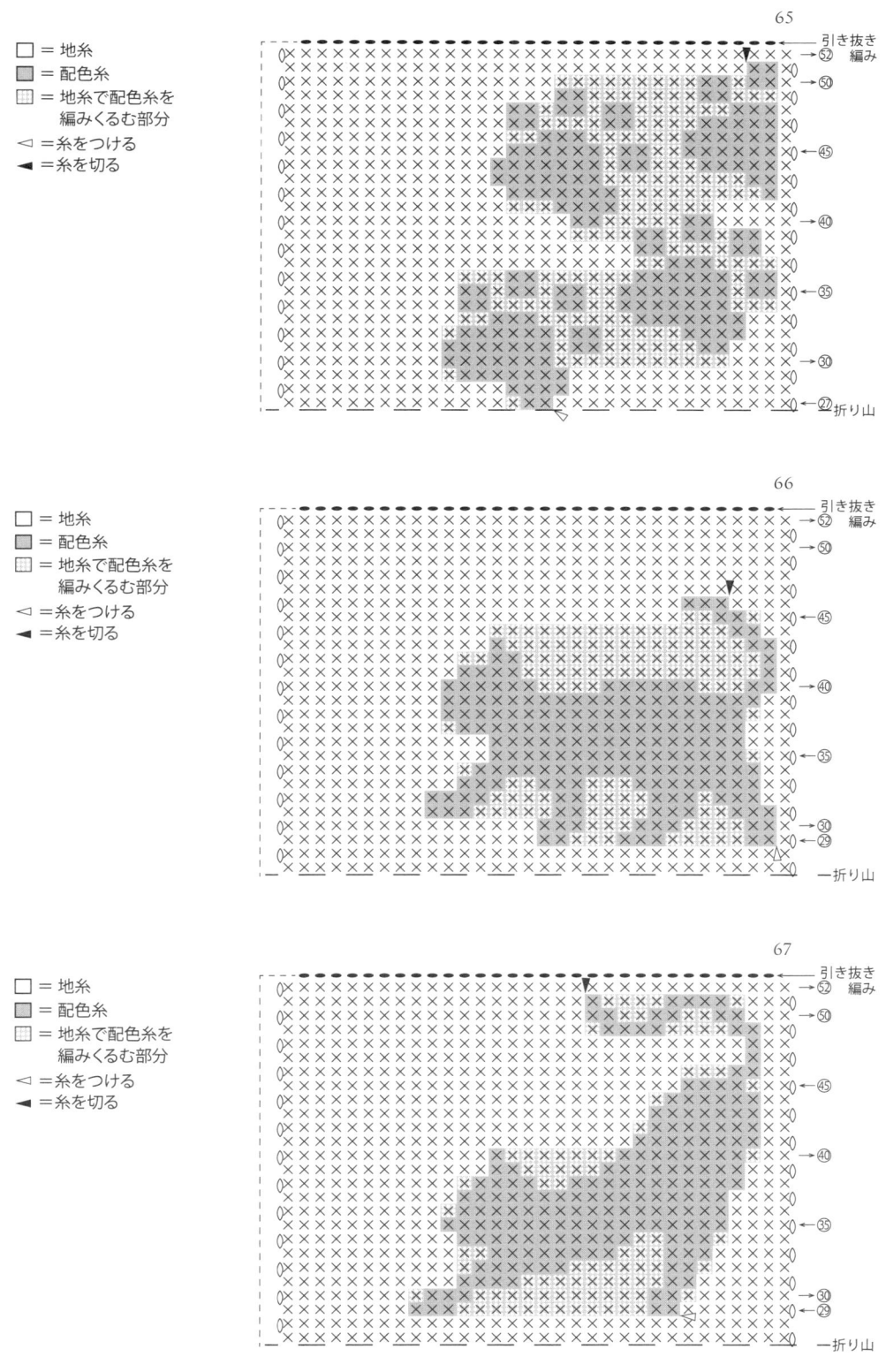

65

□ ＝ 地糸
■ ＝ 配色糸
⊞ ＝ 地糸で配色糸を
　　編みくるむ部分
◁ ＝ 糸をつける
◀ ＝ 糸を切る

引き抜き
編み
←52
←50
←45
←40
←35
←30
←22 折り山

66

□ ＝ 地糸
■ ＝ 配色糸
⊞ ＝ 地糸で配色糸を
　　編みくるむ部分
◁ ＝ 糸をつける
◀ ＝ 糸を切る

引き抜き
編み
←52
←50
←45
←40
←35
←30
←29
―折り山

67

□ ＝ 地糸
■ ＝ 配色糸
⊞ ＝ 地糸で配色糸を
　　編みくるむ部分
◁ ＝ 糸をつける
◀ ＝ 糸を切る

引き抜き
編み
←52
←50
←45
←40
←35
←30
←29
―折り山

雪の結晶

◎ 材料と用具

	68	69
地糸：ハマナカ エコアンダリヤ 30g	ブルー（20）	白（1）
配色糸：ハマナカ エコアンダリヤ 25g	白（1）	ブルー（20）
ファスナー（16cm）	ブルー	白

超強力布用両面テープ（幅5mm）各40cm
かぎ針6/0号、7/0号（入れ口の引き抜き編み用）

◎ ゲージ

細編み、編み込み模様とも 10cm平方18.5目×20段

◎ できあがりサイズ

縦13cm×横17cm

◎ 作り方手順

＊編み始めと編み終わりの糸端は
　各50cmくらい残す（脇とじに使用）

❶ 6/0号針で鎖編みの作り目33目（地糸）
　　→ p57参照

❷ 地糸で細編みを2段編む

❸ 編み込み模様を48段編む
　折り山前後10段は配色糸で編むが
　全段、地糸を編みくるむ

❹ 地糸で細編みを2段編む

❺ ピン打ちをし、スチームアイロンで
　大きさを整える → p59参照

❻ 脇は、中表に合わせて巻きかがり、表に返す
　または、外表に合わせてすくいとじする

❼ 7/0号針で入れ口を引き抜き編み
　（地糸で片面31目、1周で62目編む）
　→ p61参照

❽ 両面テープでファスナーをつける
　→ p62参照

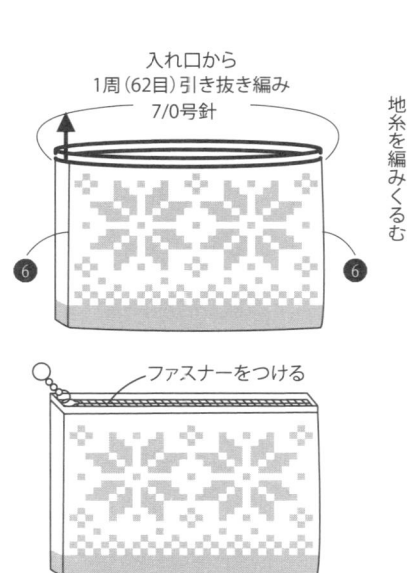

入れ口から
1周（62目）引き抜き編み
7/0号針

❻　❻

ファスナーをつける

◉編み込み模様は
　糸を縦に渡す方法と
　横に渡す方法で編む

□ ＝地糸
▨ ＝配色糸
⊞ ＝地糸で配色糸を
　　編みくるむ部分
◁ ＝糸をつける
◀ ＝糸を切る

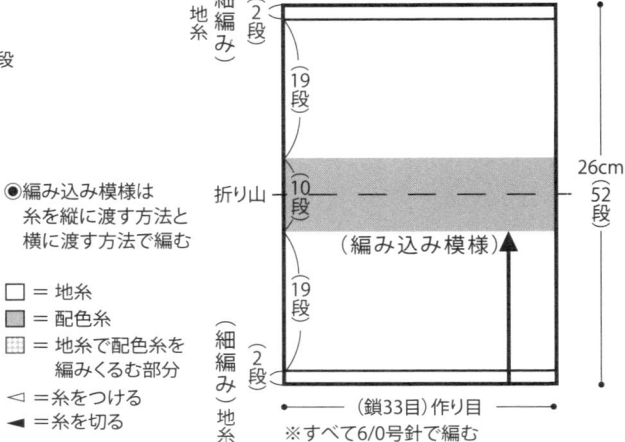

18cm（33目）
（細編み）地糸
2段
19段
折り山 10段
26cm 52段
（編み込み模様）
19段
（細編み）地糸
2段
（鎖33目）作り目
※すべて6/0号針で編む

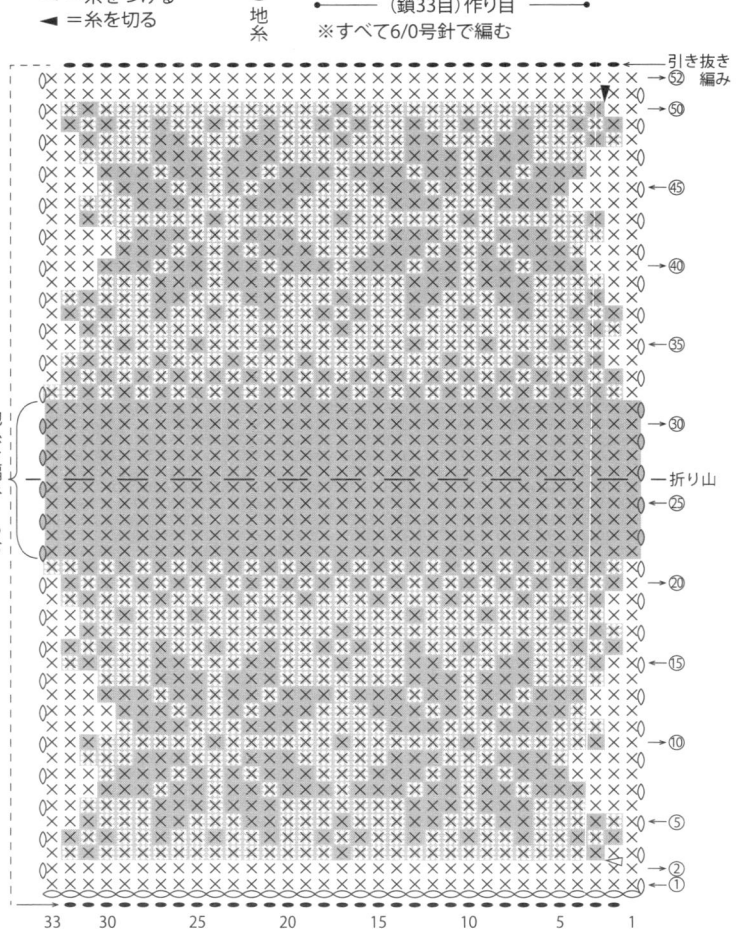

引き抜き編み
52段
50
45
40
35
30
折り山
25
20
15
10
5
2
1

地糸を編みくるむ

33　30　25　20　15　10　5　1

うさぎ柄

◎ 材料と用具

	70	71
地糸：ハマナカ エコアンダリヤ 25g	レトロピンク（71）	レトロブルー（66）
配色糸：ハマナカ エコアンダリヤ 25g	ライトグレー（148）	白（1）
ファスナー（16cm）	グレイッシュピンク	ライトブルー

超強力布用両面テープ（幅5mm） 各40cm
かぎ針6/0号、7/0号（入れ口の引き抜き編み用）

◎ ゲージ
細編み、編み込み模様とも 10cm平方18.5目×20段

◎ できあがりサイズ
縦13cm×横17cm

◎ 作り方手順
＊編み始めと編み終わりの糸端は
　各50cmくらい残す（脇とじに使用）

❶ 6/0号針で鎖編みの作り目33目（地糸）
　→ p57参照

❷ 地糸で細編みを1段編む
　（この段を裏側として使用する）

❸ 編み込み模様を50段編む

❹ 地糸で細編みを1段編む

❺ ピン打ちをし、スチームアイロンで
　大きさを整える → p59参照

❻ 脇は、中表に合わせて巻きかがり
　表に返す。または、
　外表に合わせてすくいとじする

❼ 7/0号針で入れ口を引き抜き編み
　（地糸で片面31目、1周で62目編む）
　→ p61参照

❽ 両面テープでファスナーをつける
　→ p62参照

●編み込み模様は
　糸を縦に渡す方法と
　横に渡す方法で編む

□ ＝ 地糸
▦ ＝ 配色糸
⊞ ＝ 地糸で配色糸を
　　編みくるむ部分
◁ ＝糸をつける
◀ ＝糸を切る

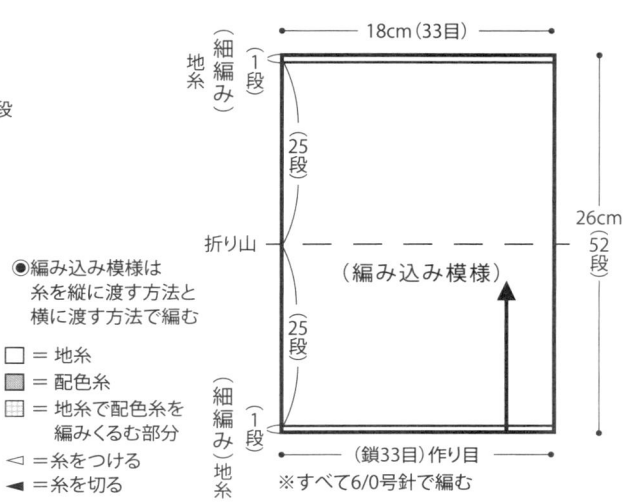

18cm（33目）
（細編み）地糸　1段
25段
折り山
（編み込み模様）
25段
（細編み）地糸　1段
（鎖33目）作り目
26cm　52段
※すべて6/0号針で編む

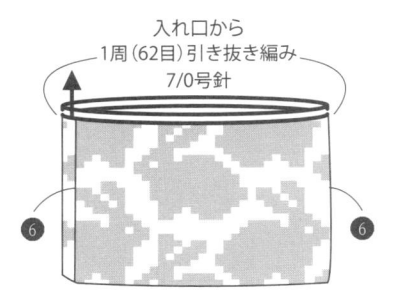

入れ口から
1周（62目）引き抜き編み
7/0号針

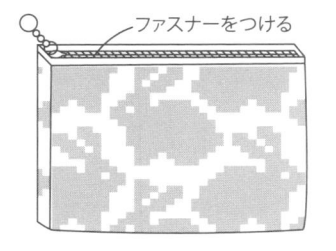

ファスナーをつける

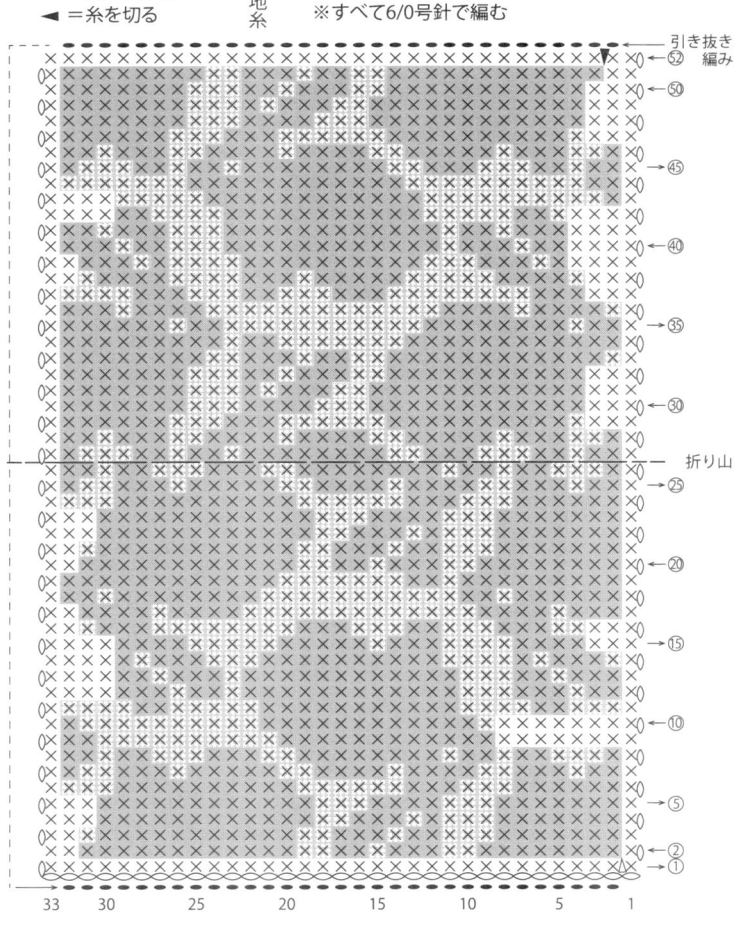

引き抜き編み

バラ柄

◎ 材料と用具

	72	73
地糸：ハマナカ エコアンダリヤ 30g	オフホワイト（168）	
配色糸：ハマナカ エコアンダリヤ 18g	コバルトブルー（901）	チェリー（37）
ファスナー（16cm）	ベージュ	

超強力布用両面テープ（幅5mm）各40cm
かぎ針6/0号、7/0号（入れ口の引き抜き編み用）

◎ ゲージ
細編み、編み込み模様とも 10cm平方18.5目×20段

◎ できあがりサイズ
縦13cm×横17cm

◎ 作り方手順
＊編み始めと編み終わりの糸端は
　各50cmくらい残す（脇とじに使用）

1 6/0号針で鎖編みの作り目33目
（地糸）→ p57参照

2 地糸で細編みを1段編む
（この段を裏側として使用する）

3 編み込み模様を50段編む

4 地糸で細編みを1段編む

5 ピン打ちをし、スチームアイロンで
大きさを整える → p59参照

6 脇は、中表に合わせて巻きかがり
表に返す。または、
外表に合わせてすくいとじする

7 7/0号針で入れ口を引き抜き編み
（地糸で片面31目、1周で62目
編む）→ p61参照

8 両面テープでファスナーをつける
→ p62参照

●編み込み模様は
糸を縦に渡す方法と
横に渡す方法で編む

□ = 地糸
■ = 配色糸
▦ = 地糸で配色糸を
　　編みくるむ部分
◁ = 糸をつける
◀ = 糸を切る

18cm（33目）
（細編み）地糸
1段 25段 折り山 25段 1段（細編み）地糸
26cm 52段
（編み込み模様）
（鎖33目）作り目
※すべて6/0号針で編む

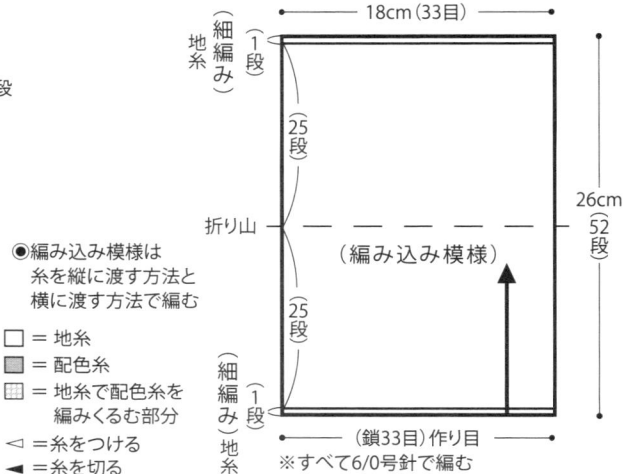

入れ口から
1周（62目）引き抜き編み
7/0号針

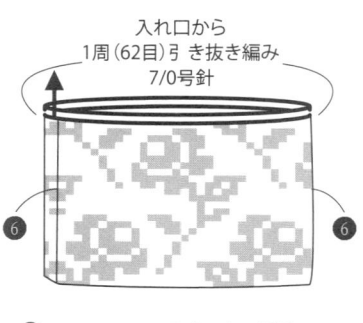

ファスナーをつける

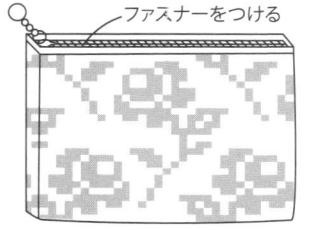

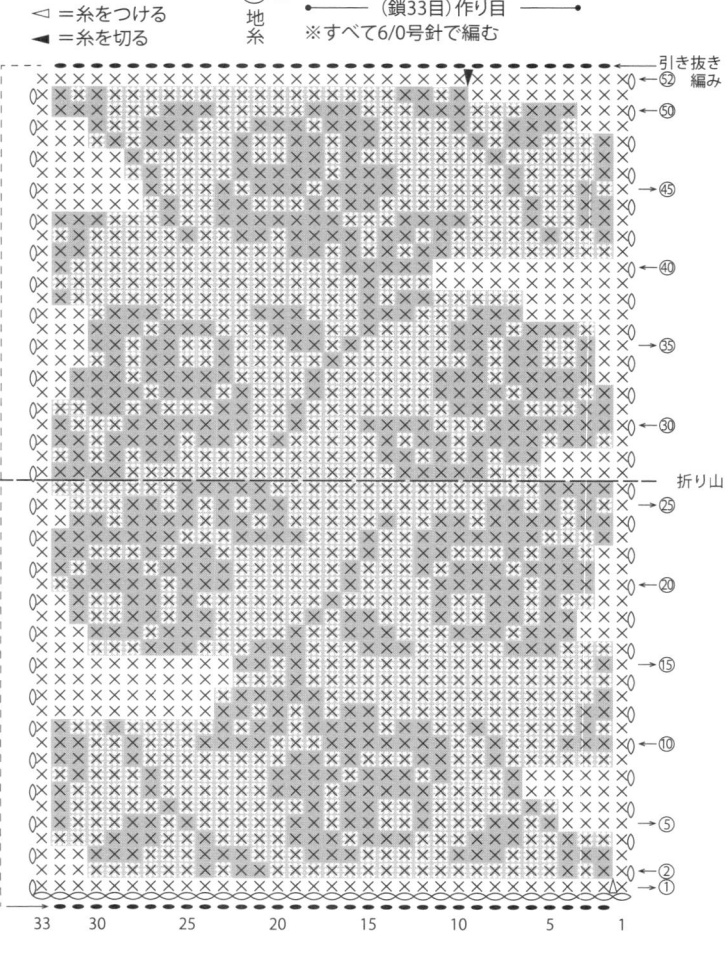

引き抜き編み
折り山
33 30 25 20 15 10 5 1

ポピー柄

◎ 材料と用具

	74	75
地糸：ハマナカ エコアンダリヤ《ミックスカラー》25g	パープル系（263）	
配色糸：ハマナカ エコアンダリヤ 25g	チェリー（37）	キャンディピンク（46）
ファスナー（16cm）	赤	ライトピンク

超強力布用両面テープ（幅5mm） 各40cm
かぎ針6/0号、7/0号（入れ口の引き抜き編み用）

◎ ゲージ
細編みの編み込み 10cm平方18.5目×20段

◎ できあがりサイズ
縦13cm×横17cm

◎ 作り方手順
＊編み始めと編み終わりの糸端は
　各50cmくらい残す（脇とじに使用）

① 6/0号針で鎖編みの作り目33目
　（地糸）→ p57参照

② 地糸で細編みを1段編む
　（この段を裏側として使用する）

③ 細編みの編み込みを50段編む

④ 地糸で細編みを1段編む

⑤ ピン打ちをし、スチームアイロンで
　大きさを整える → p59参照

⑥ 脇は、中表に合わせて巻きかがり
　表に返す。または、
　外表に合わせてすくいとじする

⑦ 7/0号針で入れ口を引き抜き編み
　（地糸で片面31目、1周で62目
　編む）→ p61参照

⑧ 両面テープでファスナーをつける
　→ p62参照

●編み込み模様は
　糸を縦に渡す方法と
　横に渡す方法で編む

□ ＝ 地糸
▦ ＝ 配色糸
▦ ＝ 地糸で配色糸を
　　編みくるむ部分
◁ ＝ 糸をつける
◀ ＝ 糸を切る

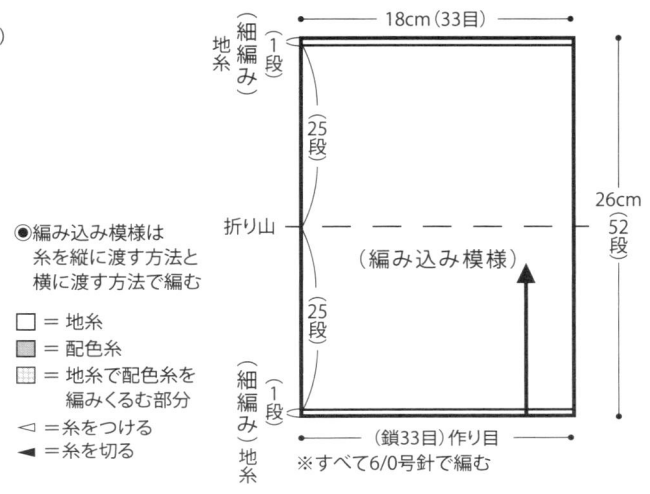

18cm（33目）
細編み（地糸）1段
25段
折り山
26cm（52段）
（編み込み模様）
25段
細編み（地糸）1段
（鎖33目）作り目
※すべて6/0号針で編む

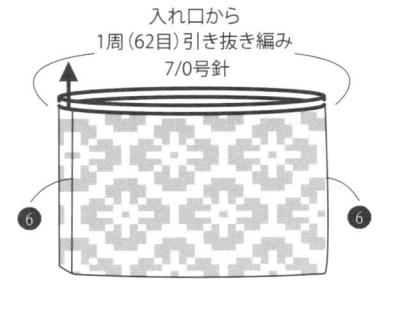

入れ口から
1周（62目）引き抜き編み
7/0号針
⑥　⑥

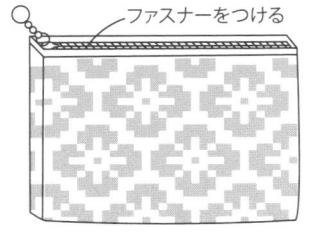

ファスナーをつける

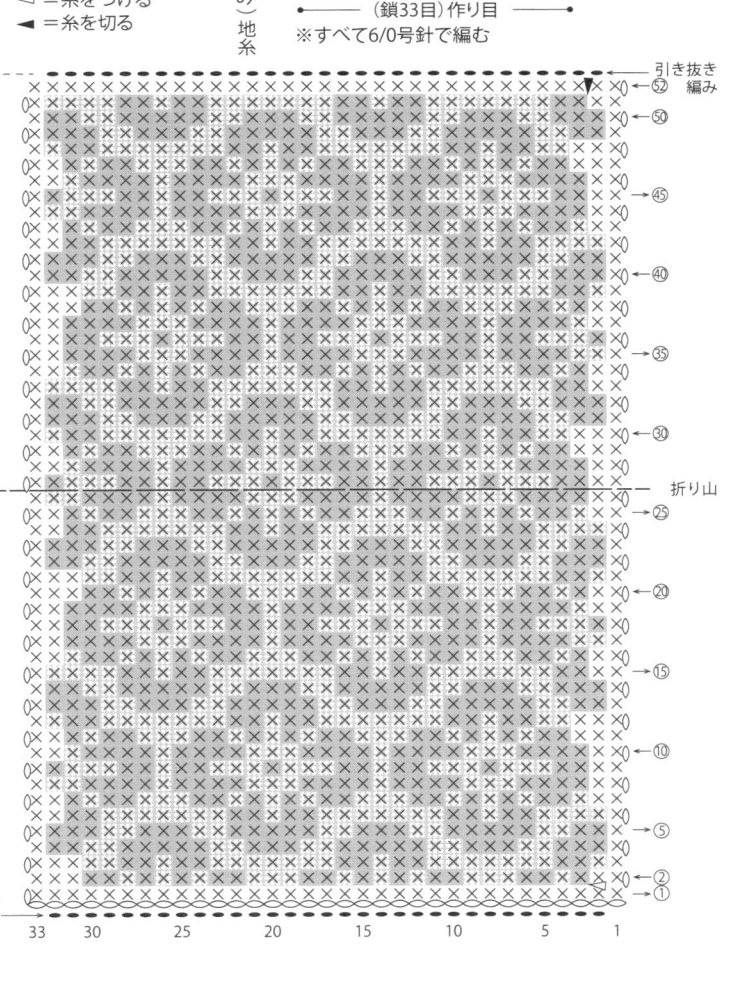

引き抜き編み
52 50 45 40 35 30 折り山 25 20 15 10 5 2 1
33 30 25 20 15 10 5 1

アーガイル

p36,37

◎ 材料と用具

		76		77	
地　糸：ハマナカ エコアンダリヤ 30g		白（1）			
配色糸：ハマナカ エコアンダリヤ	a色 12g　b色 10g	ライトグレー（148）	レモンイエロー（11）	チャコールグレー（151）	レトロブルー（66）
ステッチ糸：ハマナカ エコアンダリヤ 6g		グレイッシュピンク（54）		コバルトブルー（901）	
ファスナー（16cm）		白			

超強力布用両面テープ（幅5mm）各40cm
かぎ針6/0号、7/0号（入れ口の引き抜き編み用）

◎ ゲージ
編み込み模様 10cm平方18.5目×20段

◎ できあがりサイズ
縦13cm×横17cm

◎ 作り方手順
＊編み始めと編み終わりの糸端は
　各50cmくらい残す（脇とじに使用）

① 6/0号針で鎖編みの作り目33目
　（地糸）→ p57参照

② 地糸で細編みを1段編む
　（この段を裏側として使用する）

③ 編み込み模様を49段編む
　両端1目ずつ（1目め、33目め）以外は
　全て、編む糸で他の2色をくるみながら編む

④ 地糸で細編みを2段編む

⑤ ピン打ちをし、スチームアイロンで
　大きさを整える → p59参照

⑥ ステッチ糸で編み地の上から返し縫いの
　要領でステッチをする（とじ針使用）

⑦ 脇は、中表に合わせて巻きかがり
　表に返す。または、
　外表に合わせてすくいとじする

⑧ 7/0号針で入れ口を引き抜き編み
　（地糸で片面31目、1周で62目
　編む）→ p61参照

⑨ 両面テープでファスナーをつける→ p62参照

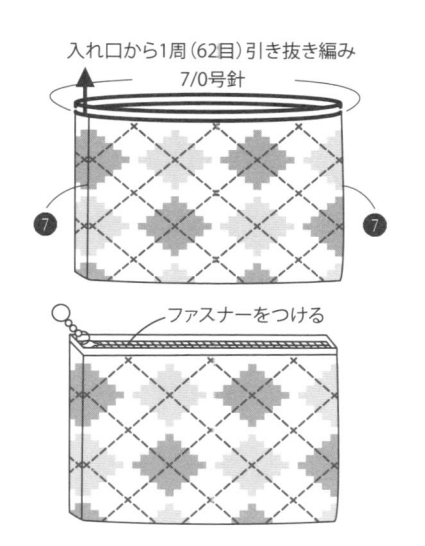

入れ口から1周（62目）引き抜き編み
7/0号針

ファスナーをつける

◉編み込み模様は糸を
　横に渡す方法で編む

□ ＝ 地糸
■ ＝ 配色糸 a
□ ＝ 配色糸 b
─ ＝ ステッチ糸
◁ ＝ 糸をつける
◀ ＝ 糸を切る

※すべて6/0号針で編む

18cm（33目）
26cm 52段
（細編み）地糸（2段）
（細編み）地糸（1段）
24段
25段
折り山
（編み込み模様）
（鎖33目）作り目

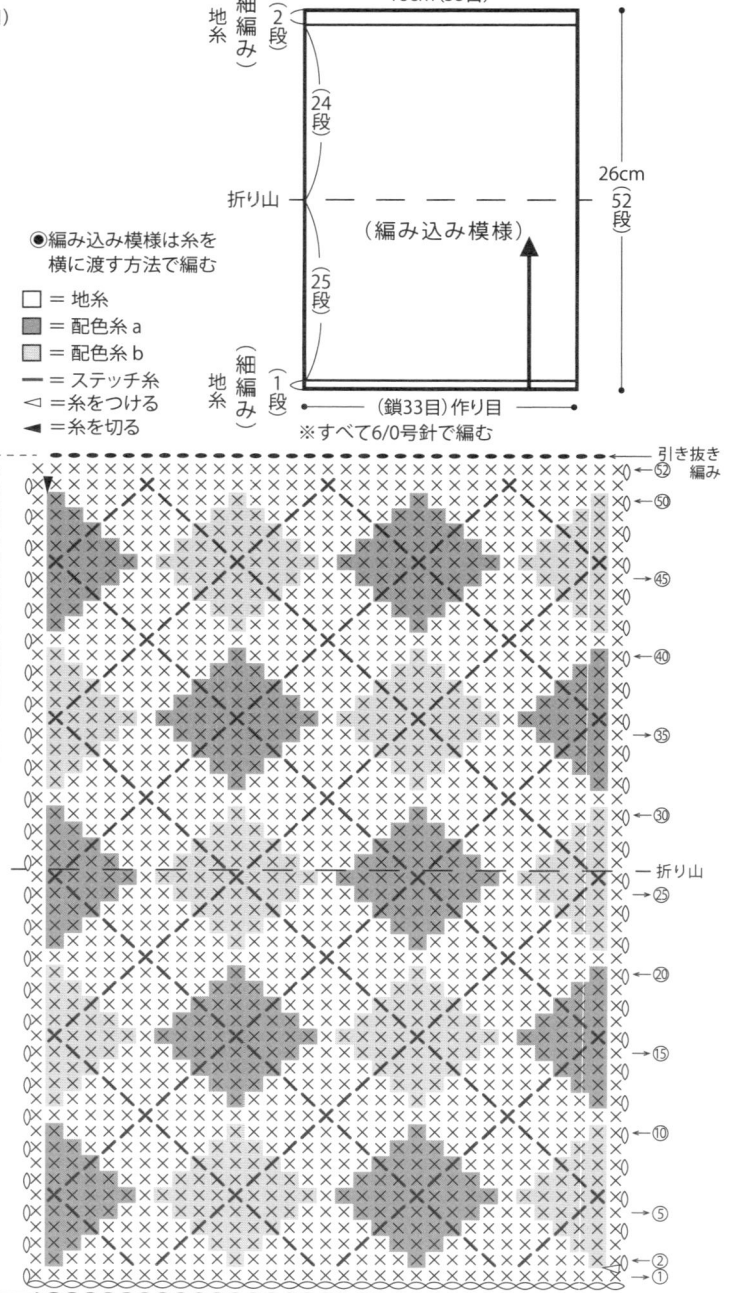

いかり柄

◎ 材料と用具

地　糸：ハマナカ エコアンダリヤ 30g			78		79	
			黒（30）		チェリー（37）	
配色糸：ハマナカ エコアンダリヤ	a色 3g	b色 10g	チェリー（37）	白（1）	黒（30）	白（1）
ファスナー（16cm）			白			

超強力布用両面テープ（幅5mm）各40cm
かぎ針6/0号、7/0号（入れ口の引き抜き編み用）

◎ ゲージ
細編み、編み込み模様とも 10cm平方18目×20段

◎ できあがりサイズ
縦13cm×横17cm

◎ 作り方手順
＊編み始めと編み終わりの糸端は
　各50cmくらい残す（脇とじに使用）

❶ 6/0号針で鎖編みの作り目32目
　（地糸）→ p57参照

❷ 地糸で細編みを30段編む

❸ 編み込み模様を19段編む
　（編む糸でもう1色をくるみながら編む）

❹ 配色糸bで細編みを3段編む

❺ ピン打ちをし、スチームアイロンで
　大きさを整える → p59参照

❻ 外表に合わせて脇をすくいとじする
　→ p60参照（表面の色を使用）

❼ 7/0号針で入れ口を引き抜き編み
　（地糸で片面30目、配色糸bで片面30目
　1周で60目編む）→ p61参照

❽ 両面テープでファスナーをつける
　→ p62参照

●編み込み模様は
　糸を縦に渡す方法と
　横に渡す方法で編む
◉ = ④段

□ = 地糸
▨ = 配色糸 a
□ = 配色糸 b
▥ = 地糸で編みくるむ部分
⊞ = 配色糸bで
　編みくるむ部分
◁ = 糸をつける
◀ = 糸を切る

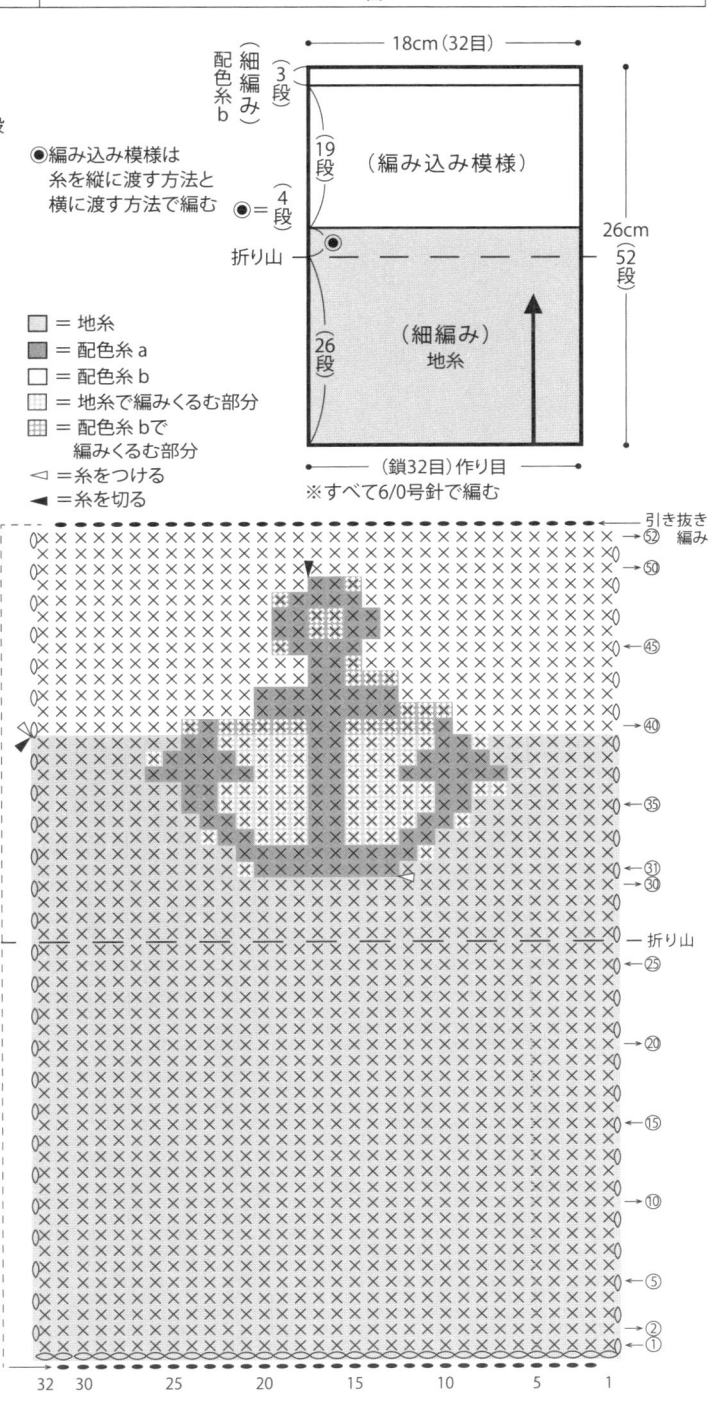

18cm（32目）
（細編み）配色糸b 3段
（編み込み模様）19段
折り山
④段
26cm／52段
（細編み）地糸 26段
（鎖32目）作り目
※すべて6/0号で編む

引き抜き編み → 52
→ 50
→ 45
→ 40
→ 35
→ 31
→ 30
折り山 → 25
→ 20
→ 15
→ 10
→ 5
→ 2
→ 1
32　30　　25　　20　　15　　10　　5　　1

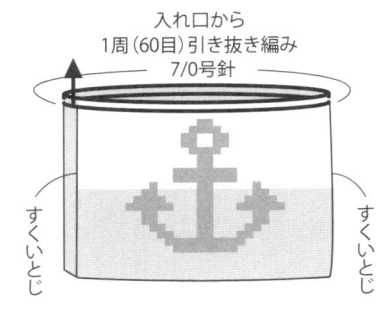

入れ口から
1周（60目）引き抜き編み
7/0号針
すくいとじ　すくいとじ

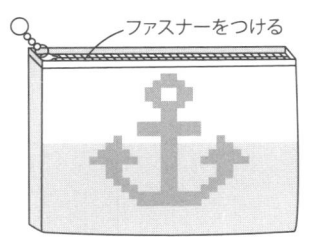

ファスナーをつける

ヨット柄

◎材料と用具

			80		81	
地　糸：ハマナカ エコアンダリヤ 36g			白(1)		マリンブルー(72)	
配色糸：ハマナカ エコアンダリヤ	a色 5g	b色 2g	マリンブルー(72)	チェリー(37)	白(1)	レトロブルー(66)
ファスナー（16cm）			白		紺	

超強力布用両面テープ（幅5mm）各40cm
かぎ針6/0号、7/0号（入れ口の引き抜き編み用）

◎ゲージ

細編み、編み込み模様とも 10cm平方18目×20段

◎できあがりサイズ

縦13cm×横17cm

◎作り方手順

＊編み始めと編み終わりの糸端は
　各50cmくらい残す（脇とじに使用）

① 6/0号針で鎖編みの作り目32目
　（地糸）→ p57参照

② 地糸で細編みを30段編む

③ 編み込み模様を19段編む
　（編み糸でもう1色を編みくるみながら編む）

④ 地糸で細編みを3段編む

⑤ ピン打ちをし、スチームアイロンで
　大きさを整える → p59参照

⑥ 脇は、中表に合わせて巻きかがり
　表に返す。または、
　外表に合わせてすくいとじする

⑦ 7/0号針で入れ口を引き抜き編み
　（地糸で片面30目、1周で60目編む）
　→ p61参照

⑧ 両面テープでファスナーをつける
　→ p62参照

●編み込み模様は
　糸を縦に渡す方法と
　横に渡す方法で編む

□ = 地糸
▨ = 配色糸a
▤ = 配色糸b
▥ = 地糸で配色糸aを
　　編みくるむ部分
▦ = 地糸で配色糸bを
　　編みくるむ部分
◁ = 糸をつける
◀ = 糸を切る

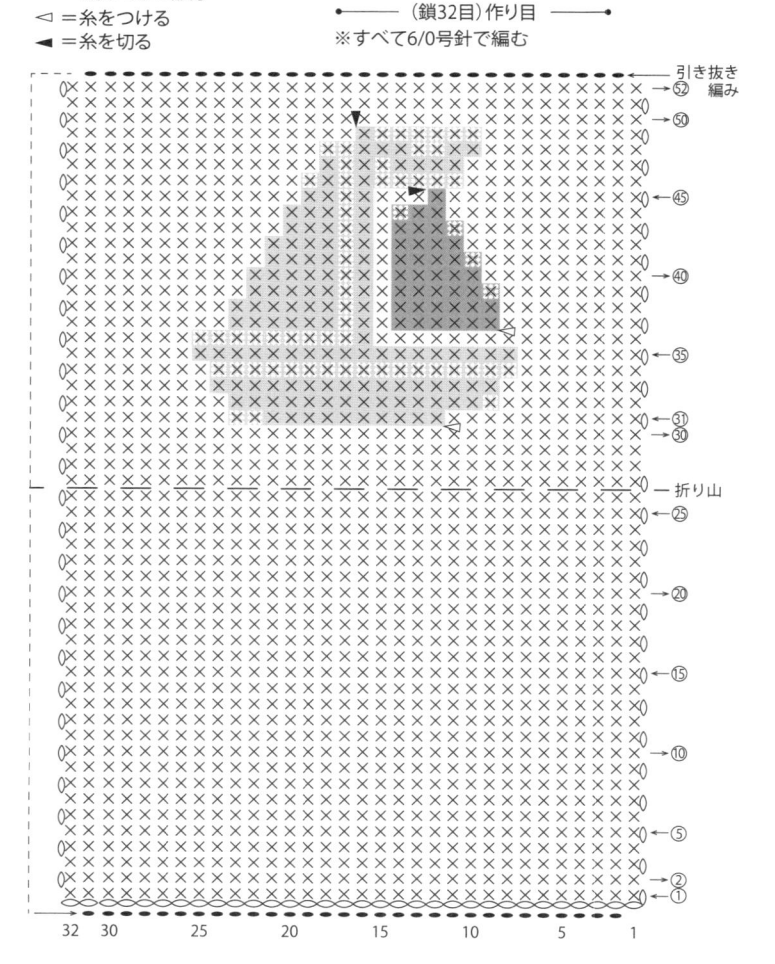

18cm（32目）

（細編み）地糸（3段）

（編み込み模様）19段（4段）◉ =

折り山

26cm 52段

（細編み）地糸 26段

（鎖32目）作り目
※すべて6/0号針で編む

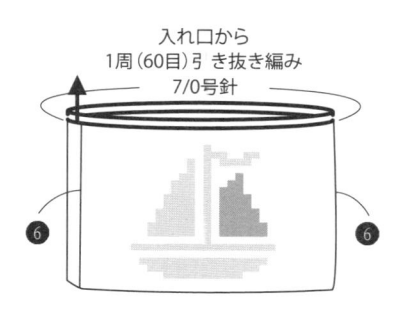

入れ口から
1周（60目）引き抜き編み
7/0号針

⑥　⑥

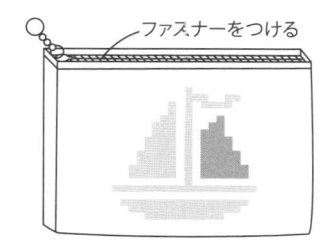

ファスナーをつける

スマホポシェット

p40,41

◎ 材料と用具

本体：ハマナカ エコアンダリヤ 40g	82	83
	ミントグリーン（902）	レトロイエロー（69）
縁編み：ハマナカ エコアンダリヤ 1g	オフホワイト（168）	ブラウン（159）

かぎ針6/0号、7/0号（入れ口の細編み用）
ショルダー紐セット 各1組

◎ ゲージ
細編み 10cm平方18目×20段

◎ できあがりサイズ
縦18cm×横12cm

◎ 作り方手順
＊編み始めと編み終わりの糸端は
　各80cmくらい残す（脇とじに使用）

❶ 6/0号針で鎖編みの作り目22目 → p57参照

❷ 細編みを72段編むが、最後の4段は
　減目をしながら編む

❸ ピン打ちをし、スチームアイロンで大きさを整える
　→ p59参照

❹ 外表に合わせて脇を巻きかがる

❺ 7/0号針で入れ口に細編みを1段編む（縁編み）
　（1周で44目編む）

❻ ショルダー金具をつける

□ ＝ 本体
▨ ＝ 縁編み

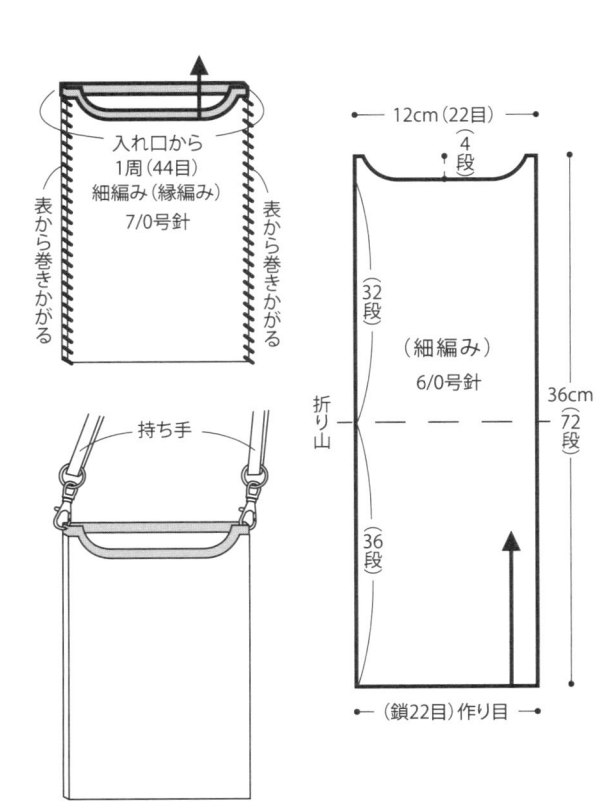

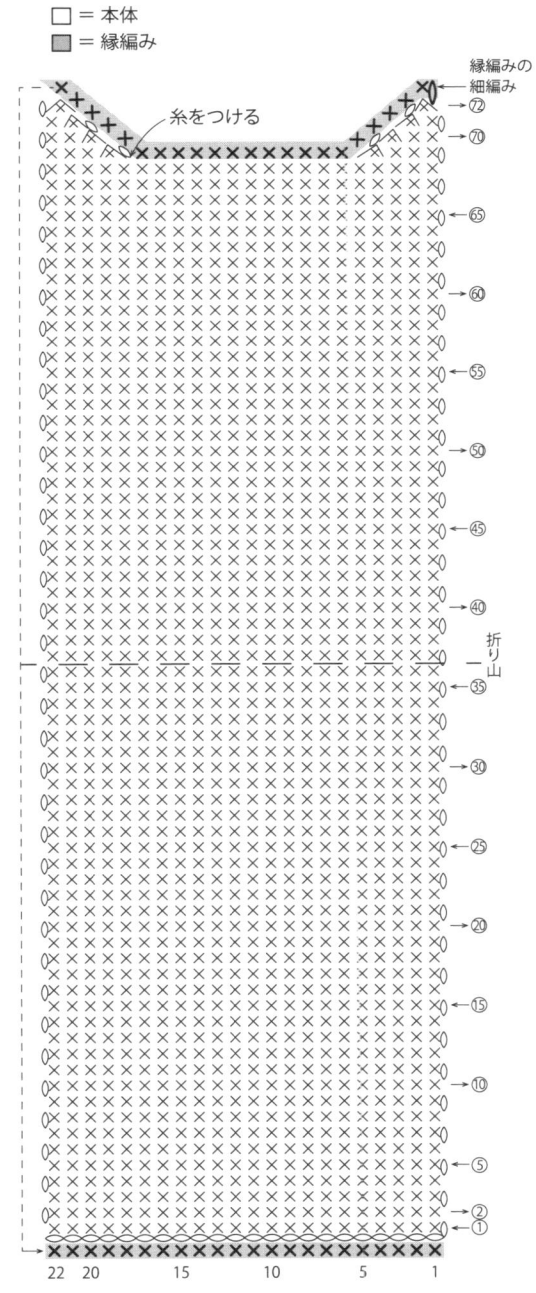

バイカラースクエアポーチ

p42,43,45

◎ 材料と用具

	84	85	86
A 色：ハマナカ エコアンダリヤ 15g	ミントグリーン（902）	白（1）	サンドベージュ（169）
B 色：ハマナカ エコアンダリヤ 15g	レトロブルー（66）	チャコールグレー（151）	チェリー（37）
ファスナー（10cm）	グレー	白	ベージュ

超強力布用両面テープ（幅5mm）各30cm
かぎ針6/0号、7/0号（入れ口の引き抜き編み用）

◎ ゲージ
細編み縞 10cm平方18目×20段

◎ できあがりサイズ
縦11cm×横11cm

◎ 作り方手順
＊編み始めと編み終わりの糸端は
　各50cmくらい残す（脇とじに使用）

❶ 6/0号針で鎖編みの作り目22目（A糸）
　→ p57参照

❷ A糸で細編みを10段編む

❸ B糸で細編みを24段編む

❹ A糸で細編みを10段編む

❺ ピン打ちをし、スチームアイロンで
　大きさを整える → p59参照

❻ 脇は、中表に合わせて巻きかがり、表に返す
　または、外表に合わせてすくいとじする

❼ 7/0号針で入れ口を引き抜き編み
　（A糸で片面20目、1周で40目編む）
　→ p61参照

❽ 両面テープでファスナーをつける → p62参照

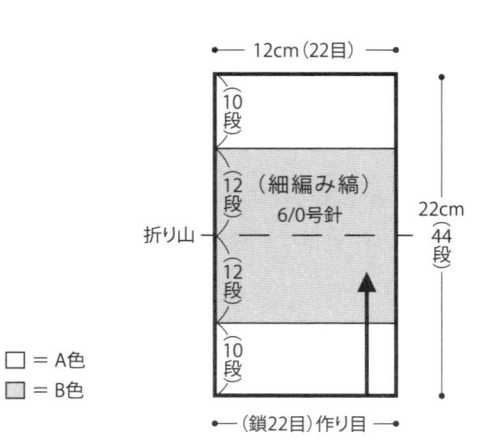

□ = A色
▨ = B色

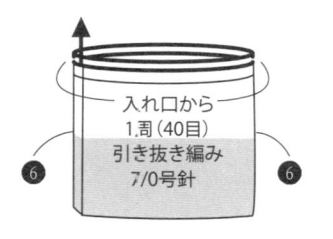

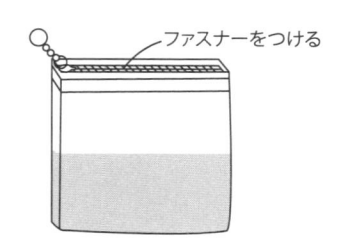

ファスナーをつける

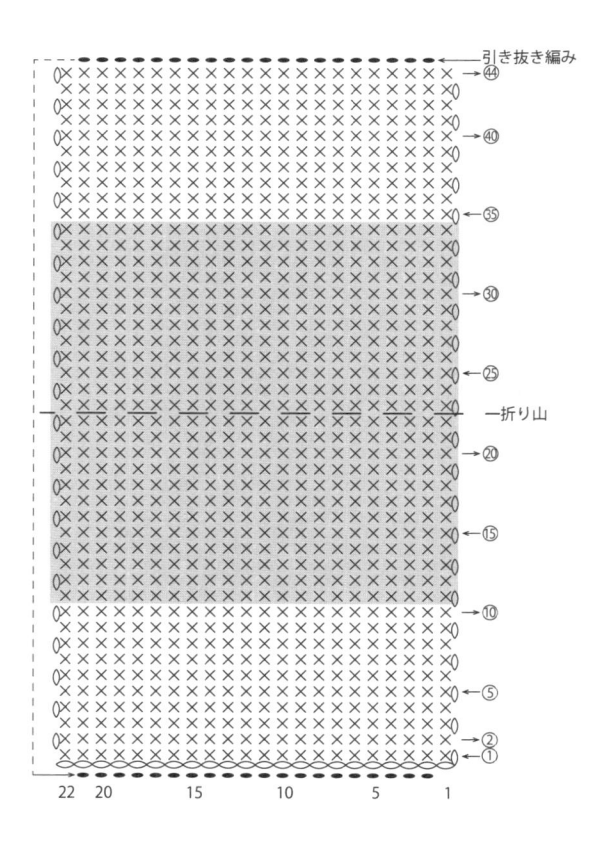

◎ 材料と用具

		87	88	89
A色：ハマナカ エコアンダリヤ 15g		オフホワイト（168）	ナチュラル（42）	レトロピンク（71）
B色：ハマナカ エコアンダリヤ 15g		ネイビー（57）	レモンイエロー（11）	ライトグレー（148）
ファスナー（10cm）		ベージュ		グレー

超強力布用両面テープ（幅5mm） 各30cm
かぎ針6/0号、7/0号（入れ口の引き抜き編み用）

◎ ゲージ

編み込み模様 10cm平方18目×20段

◎ できあがりサイズ

縦11cm×横11cm

◎ 作り方手順

＊編み始めと編み終わりの糸端は
　各50cmくらい残す（脇とじに使用）

① 6/0号針で鎖編みの作り目22目
　（A色で11目、B色で11目）
　→ p57参照

② A色で11目、B色で11目を
　編み込み模様で44段編む
　配色の境は縦糸渡しの方法で編む

③ ピン打ちをし、スチームアイロンで
　大きさを整える → p59参照

④ 脇は、中表に合わせて巻きかがり、表に返す
　または、外表に合わせてすくいとじする

⑤ 7/0号針で入れ口を引き抜き編み
　（A色で20目、B色で20目、1周で40目編む）
　→ p61参照

⑥ 両面テープでファスナーをつける → p62参照

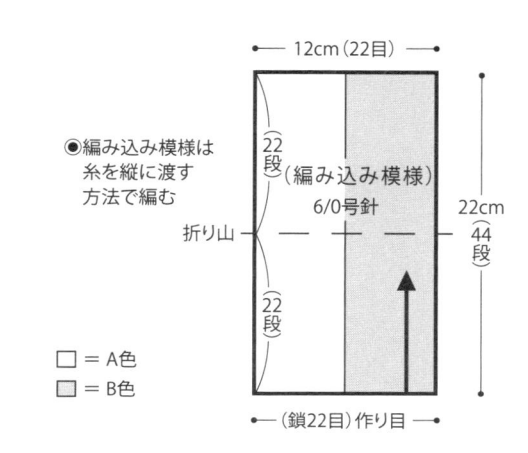

●編み込み模様は
糸を縦に渡す
方法で編む

□ = A色
▨ = B色

※配色の境目の編み方
色を替える手前の目を「未完成の細編み」で編み
次に編む色で引き抜く

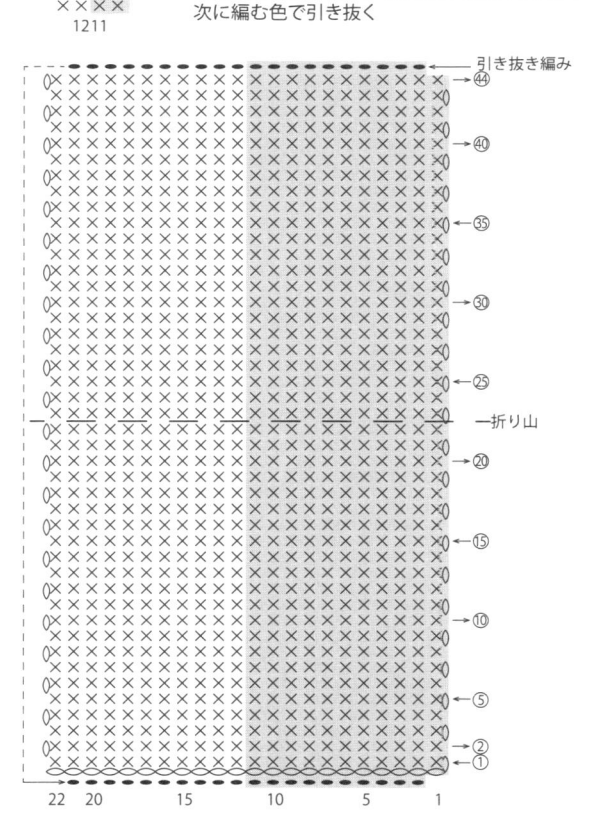

入れ口から
1周（40目）
引き抜き編み
7/0号針

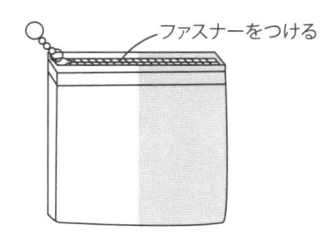

ファスナーをつける

モチーフスクエアポーチ

P44, 45

◎ 材料と用具

	90	91
地糸：ハマナカ エコアンダリヤ 25g	レトロピンク（71）	レトログリーン（68）
配色糸：ハマナカ エコアンダリヤ 5g	オフホワイト（168）	
ファスナー（10cm）	ベージュ	

超強力布用両面テープ（幅5mm）各30cm
かぎ針6/0号、7/0号（入れ口の引き抜き編み用）
デコパーツ（直径1.2cm）各1個

◎ ゲージ

細編み、編み込み模様とも 10cm平方18目×20段

◎ できあがりサイズ

縦11cm×横11cm

◎ 作り方手順

＊編み始めと編み終わりの糸端は
　各50cmくらい残す（脇とじに使用）

❶ 6/0号針で鎖編みの作り目22目（地糸）
　 → p57参照

❷ 地糸で細編みを22段編む

❸ 編み込み模様を20段編む

❹ 地糸で細編みを2段編む

❺ ピン打ちをし、スチームアイロンで
　 大きさを整える → p59参照

❻ 脇は、中表に合わせて巻きかがり、表に返す
　 または、外表に合わせてすくいとじする

❼ 7/0号針で入れ口を引き抜き編み
　 （地糸で片面20目、1周で40目編む）
　 → p61参照

❽ 両面テープでファスナーをつける → p62参照

❾ デコパーツをつける

●編み込み模様は
糸を縦に渡す方法と
横に渡す方法で編む

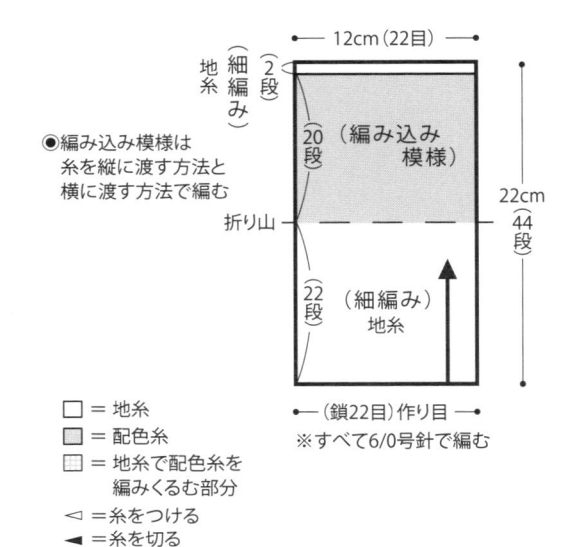

□ = 地糸
▨ = 配色糸
▧ = 地糸で配色糸を
　　編みくるむ部分
◁ = 糸をつける
◀ = 糸を切る
✿ = デコパーツつけ位置

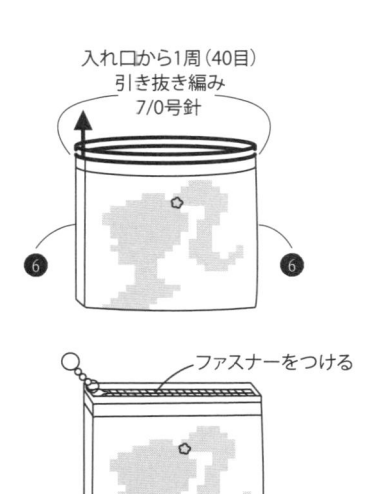

入れ口から1周（40目）
引き抜き編み
7/0号針

ファスナーをつける

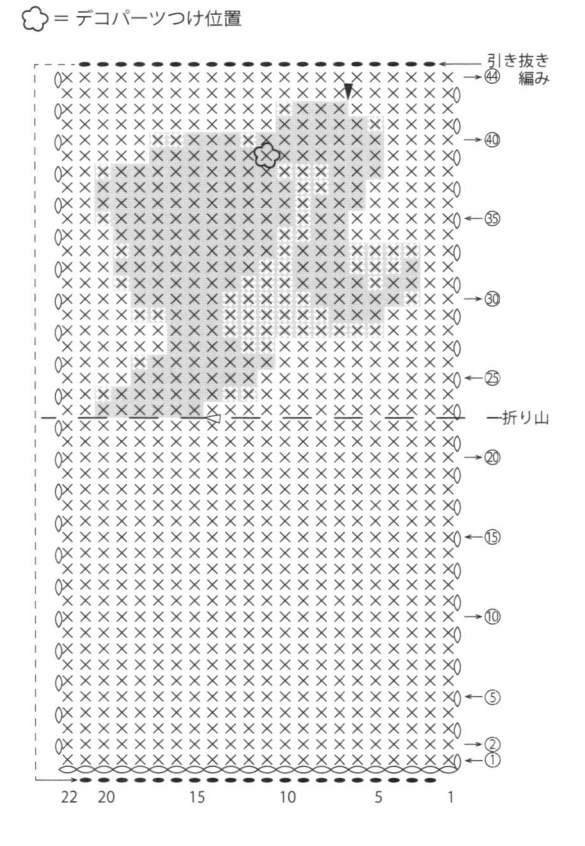

◎材料と用具

	92	93
地糸：ハマナカ エコアンダリヤ 25g	白（1）	ベージュ（23）
配色糸a：ハマナカ エコアンダリヤ 5g	レトロピンク（71）	黒（30）
配色糸b：ハマナカ エコアンダリヤ 1g	レモンイエロー（11）	
ファスナー（10cm）	白	ベージュ

超強力布用両面テープ（幅5mm）各30cm
かぎ針6/0号、7/0号（入れ口の引き抜き編み用）
デコパーツ（直径1.2cm）各1個

◎ゲージ
細編み、編み込み模様とも 10cm平方18目×20段

◎できあがりサイズ
縦11cm×横11cm

◎作り方手順
＊編み始めと編み終わりの糸端は
　各50cmくらい残す（脇とじに使用）

① 6/0号針で鎖編みの作り目22目（地糸）
　→p57参照

② 地糸で細編みを24段編む

③ 編み込み模様を16段編む

④ 地糸で細編みを4段編む

⑤ ピン打ちをし、スチームアイロンで
　大きさを整える →p59参照

⑥ 脇は、中表に合わせて巻きかがり、表に返す
　または、外表に合わせてすくいとじる

⑦ 7/0号針で入れ口を引き抜き編み
　（地糸で片面20目、1周で40目編む）
　→p61参照

⑧ 両面テープでファスナーをつける →p62参照

⑨ デコパーツをつける

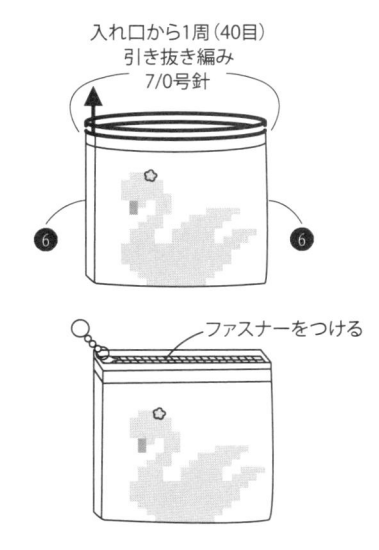

入れ口から1周（40目）
引き抜き編み
7/0号針

⑥　　　⑥

ファスナーをつける

●編み込み模様は
　糸を縦に渡す方法と
　横に渡す方法で編む

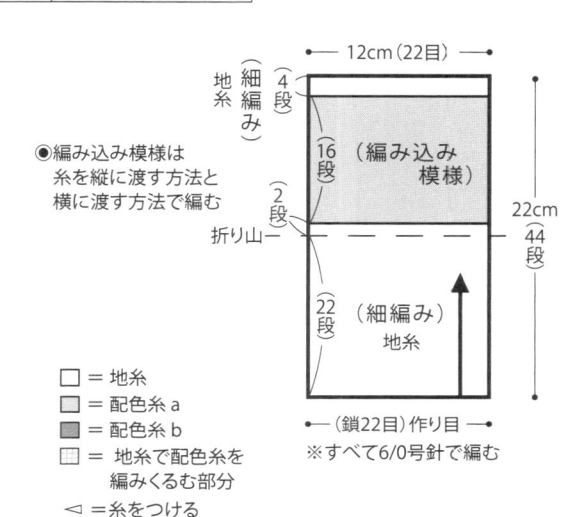

12cm（22目）

地糸（細編み）
4段

16段（編み込み模様）

2段

折り山

22段（細編み）地糸

（鎖22目）作り目

※すべて6/0号針で編む

4段

22cm
44段

□ = 地糸
▨ = 配色糸a
▨ = 配色糸b
▣ = 地糸で配色糸を編みくるむ部分
◁ = 糸をつける
◀ = 糸を切る
✿ = デコパーツつけ位置

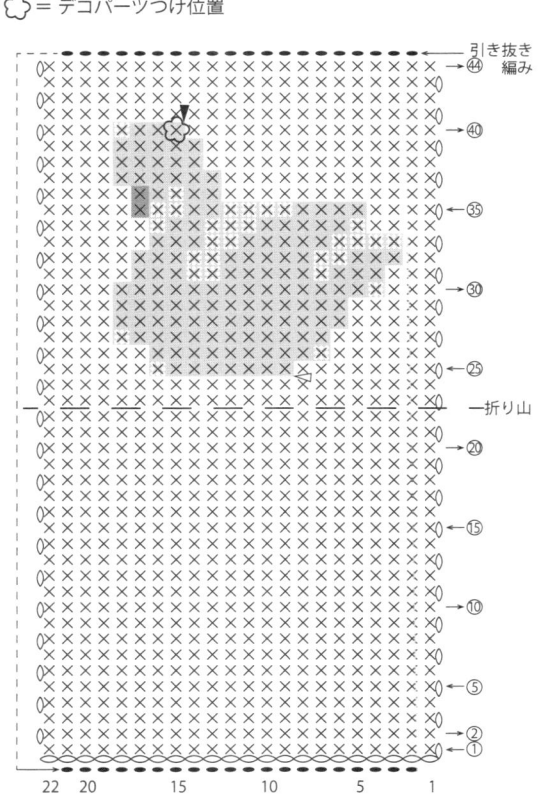

引き抜き編み
44
40
35
折り山
30
25
20
15
10
5
2
1

22 20　　15　　10　　5　　1

水玉柄

◎ 材料と用具

		96	97
地糸：ハマナカ エコアンダリヤ 38g		レトロピンク（71）	ミントグリーン（902）
配色糸：ハマナカ エコアンダリヤ 15g		カーキ（59）	
ファスナー（16cm）		ライトブラウン	

超強力布用両面テープ（幅5mm）各40cm
かぎ針6/0号、7/0号（入れ口の引き抜き編み用）

◎ ゲージ

細編み、編み込み模様とも 10cm平方18.5目×20段

◎ できあがりサイズ

縦13cm×横17cm

◎ 作り方手順

＊編み始めと編み終わりの糸端は
　各50cmくらい残す（脇とじに使用）

❶ 6/0号針で鎖編みの作り目33目
　（地糸）→ p57参照

❷ 地糸で細編みを2段編む

❸ 編み込み模様を49段編む
　両端2目ずつ（1、2目め、32、33目め）
　以外は全て、渡り糸を編みくるみながら
　編む

❹ 地糸で細編みを1段編む

❺ ピン打ちをし、スチームアイロンで
　大きさを整える → p59参照

❻ 脇は、中表に合わせて巻きかがり
　表に返す。または、
　外表に合わせてすくいとじする

❼ 7/0号針で入れ口を引き抜き編み
　（地糸で片面31目、1周で62目
　編む）→ p61参照

❽ 両面テープでファスナーをつける
　→ p62参照

● 編み込み模様は
　糸を縦に渡す方法と
　横に渡す方法で編む

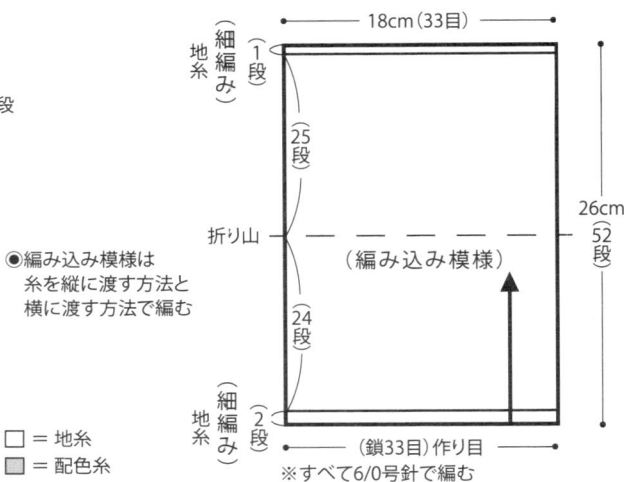

□ ＝ 地糸
■ ＝ 配色糸

※すべて6/0号針で編む

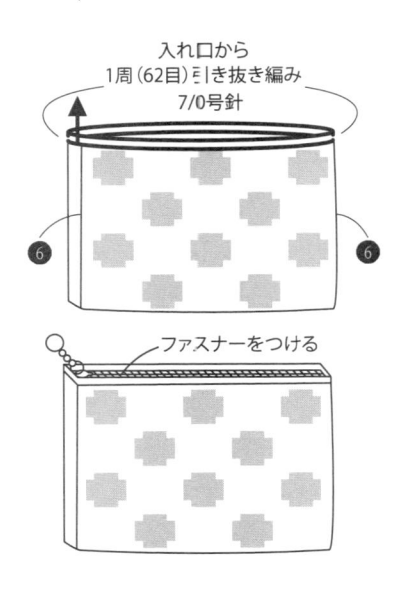

入れ口から
1周（62目）引き抜き編み
7/0号針

ファスナーをつける

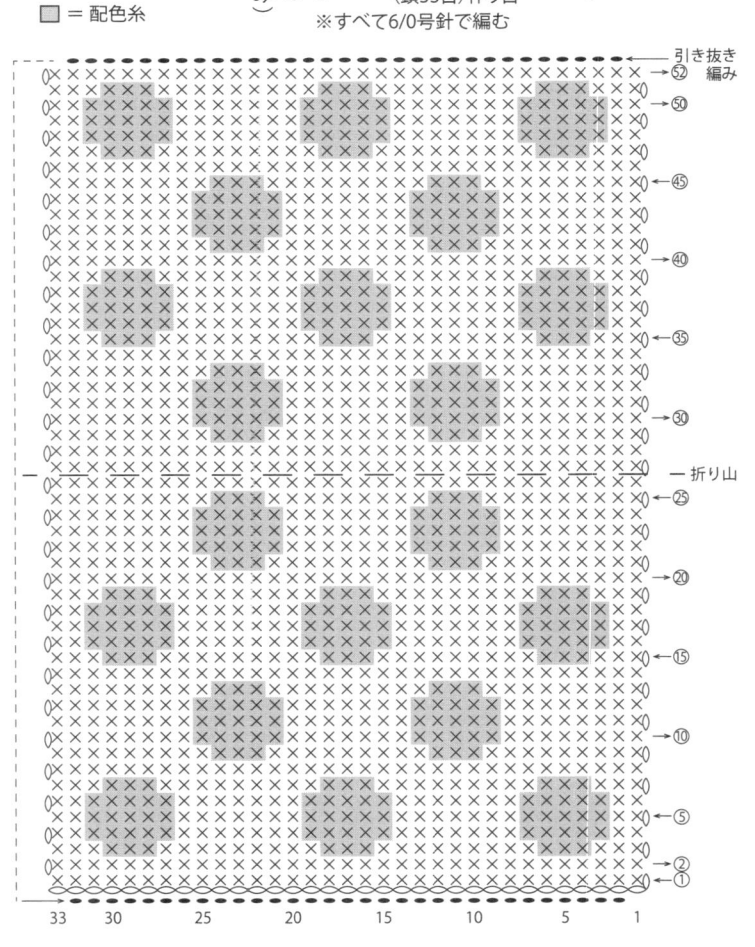

引き抜き編み

折り山

タータンチェック

◎ 材料と用具

	98	99
地糸：ハマナカ エコアンダリヤ 30g	白(1)	
配色糸：ハマナカ エコアンダリヤ 20g	ライトグレー(148)	レトロピンク(71)
ステッチ糸：ハマナカ エコアンダリヤ 5g	レモンイエロー(11)	マリンブルー(72)
ファスナー（16cm）	白	

超強力布用両面テープ（幅5mm）各40cm
かぎ針6/0号、7/0号（ステッチと入れ口の引き抜き編み用）

◎ ゲージ
細編み、編み込み模様とも 10cm平方18.5目×20段

◎ できあがりサイズ
縦13cm×横17cm

◎ 作り方手順
＊編み始めと編み終わりの糸端は
　各50cmくらい残す（脇とじに使用）

❶ 6/0号針で鎖編みの作り目33目
　（地糸）→ p57参照

❷ 地糸で細編みを1段編む
　（この段を裏側として使用する）

❸ 編み込み模様を50段編む。全て、
　渡り糸を編みくるみながら編む

❹ 地糸で細編みを1段編む

❺ ステッチ糸で下から上、右から左へ
　引き抜きステッチをする（7/0号針）

❻ ピン打ちをし、スチームアイロンで
　大きさを整える → p59参照

❼ 外表に合わせて脇をすくいとじする

❽ 7/0号針で入れ口を引き抜き編み
　（地糸で片面31目、1周で62目
　編む）→ p61参照

❾ 両面テープでファスナーをつける
　→ p62参照

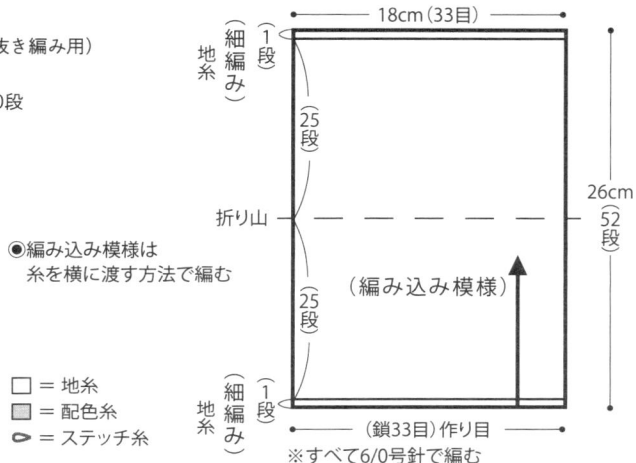

●編み込み模様は
　糸を横に渡す方法で編む

□ = 地糸
▨ = 配色糸
⌒ = ステッチ糸

※すべて6/0号針で編む

入れ口から1周（62目）引き抜き編み
7/0号針

すくいとじ　すくいとじ

ファスナーをつける

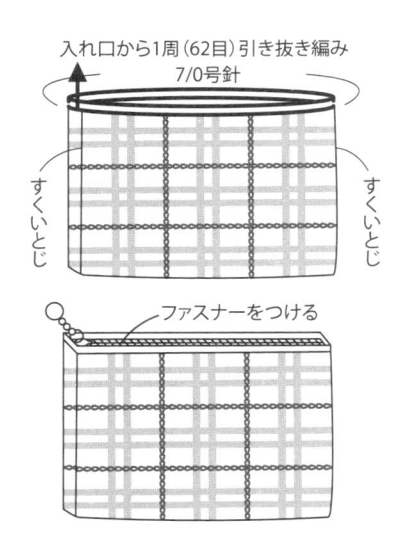

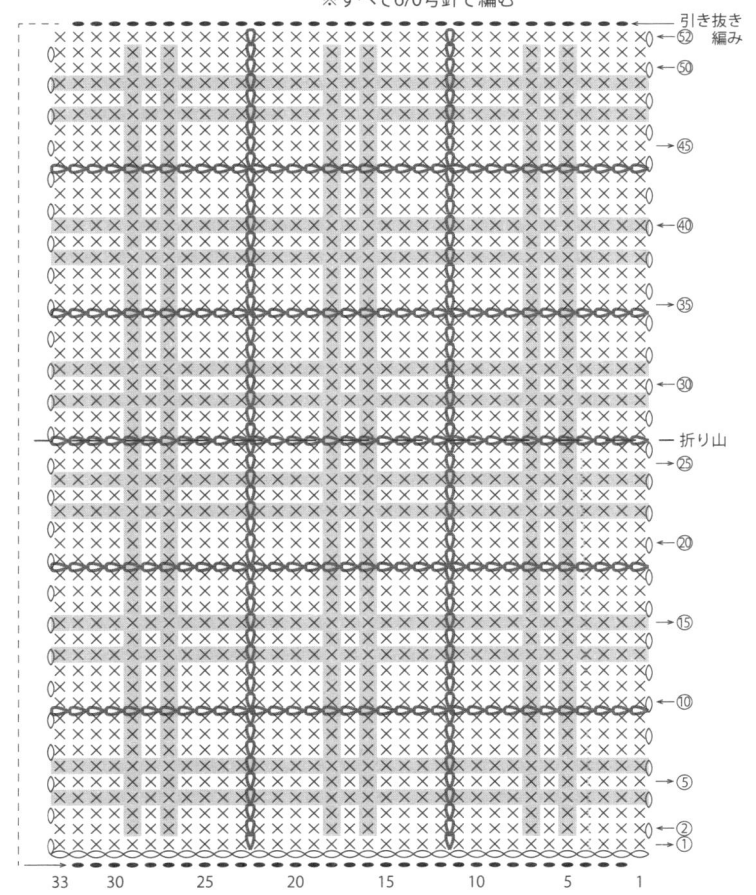

引き抜き編み

折り山

国旗柄

◎ 材料と用具

地糸：ハマナカ エコアンダリヤ 35g	100	101	102
地糸：ハマナカ エコアンダリヤ 35g	白 (1)	チェリー (37)	コバルトブルー (901)
配色糸：ハマナカ エコアンダリヤ 5g	ネイビー (57)	白 (1)	レモンイエロー (11)
ファスナー（16cm）	白	赤	ブルー

超強力布用両面テープ（幅5mm）各40cm
かぎ針6/0号、7/0号（入れ口の引き抜き編み用）

◎ ゲージ
細編み、編み込み模様とも 10cm平方18目×20段

◎ できあがりサイズ
縦13cm×横17cm

◎ 作り方手順
＊編み始めと編み終わりの糸端は
各50cmくらい残す（脇とじに使用）

① 6/0号針で鎖編みの作り目32目（地糸）
→ p57参照

② 地糸で細編みを26段編む

③ 編み込み模様を25段編む

④ 地糸で細編みを1段編む

⑤ ピン打ちをし、スチームアイロンで
大きさを整える → p59参照

⑥ 脇は、中表に合わせて巻きかがり
表に返す。または、
外表に合わせてすくいとじする

⑦ 7/0号針で入れ口を引き抜き編み
（地糸で片面30目、1周で60目編む）
→ p61参照

⑧ 両面テープでファスナーをつける
→ p62参照

●編み込み模様は
糸を縦に渡す方法と
横に渡す方法で編む

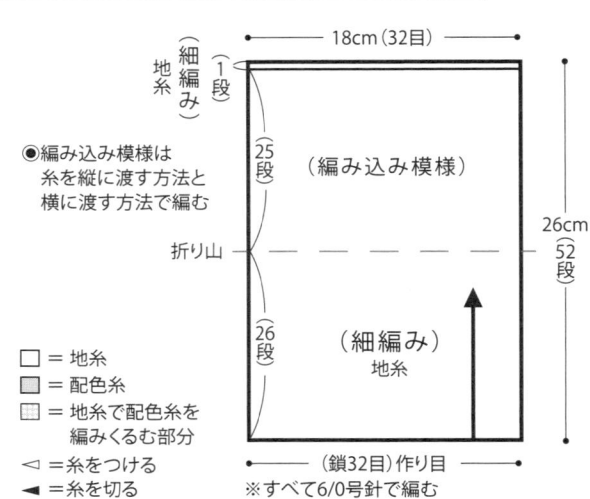

□ ＝ 地糸
▨ ＝ 配色糸
▨ ＝ 地糸で配色糸を
　　編みくるむ部分
◁ ＝糸をつける
◀ ＝糸を切る

入れ口から
1周（60目）引き抜き編み
7/0号針

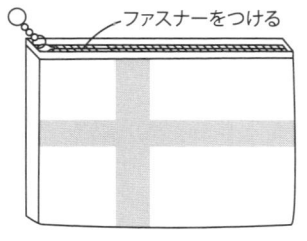

ファスナーをつける

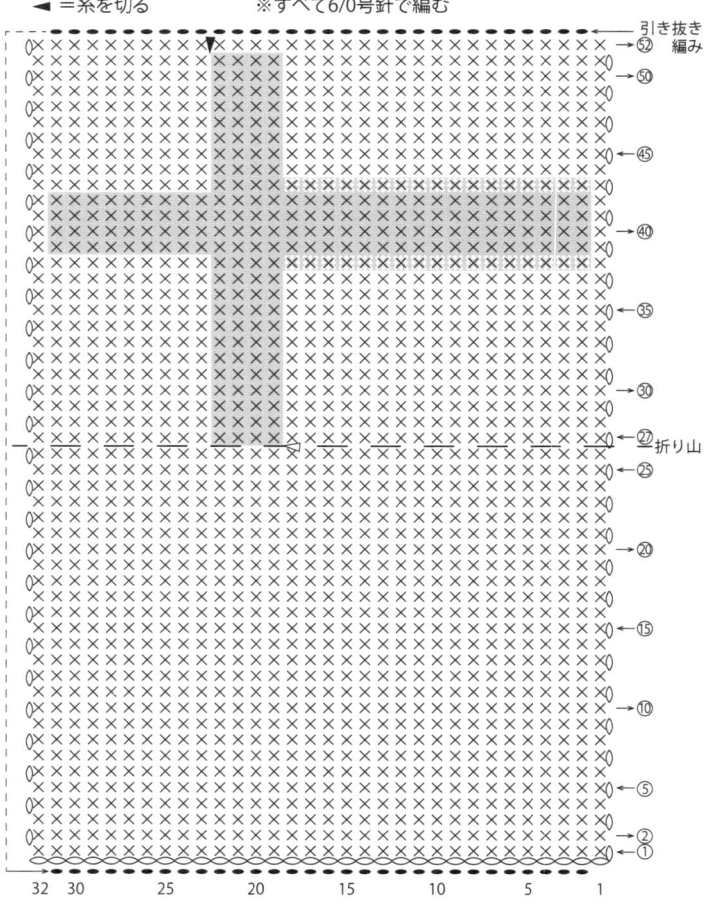

千鳥格子

◎ 材料と用具

地糸：ハマナカ エコアンダリヤ 30g	103		104	
	ディープグリーン(158)		ブラウン(159)	
配色糸：ハマナカ エコアンダリヤ 各色11g	a：白(1)	b：ミントグリーン(902)	a：白(1)	b：オフホワイト(168)
ファスナー（16cm）	グリーン		ライトブラウン	

超強力布用両面テープ（幅5mm）各40cm
かぎ針6/0号、7/0号（入れ口の引き抜き編み用）

◎ ゲージ
細編み、編み込み模様とも 10cm平方19目×20段

◎ できあがりサイズ
縦13cm×横17cm

◎ 作り方手順
＊編み始めと編み終わりの糸端は
　各50cmくらい残す（脇とじに使用）

1. 6/0号針で鎖編みの作り目34目（地糸）
　→ p57参照

2. 地糸で細編みを2段編む

3. 編み込み模様を48段編む
　両端1目ずつ（1目め、34目め）以外は
　全て、渡り糸を編みくるみながら編む

4. 地糸で細編みを2段編む

5. ピン打ちをし、スチームアイロンで
　大きさを整える → p59参照

6. 脇は、中表に合わせて巻きかがり
　表に返す。または、
　外表に合わせてすくいとじする

7. 7/0号針で入れ口を引き抜き編み
　（地糸で片面32目、1周で64目編む）
　→ p61参照

8. 両面テープでファスナーをつける
　→ p62参照

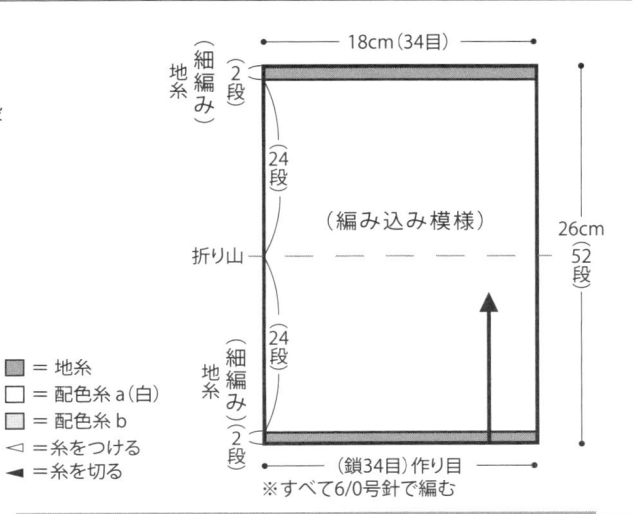

18cm（34目）
（細編み）地糸 2段
（編み込み模様）
24段
折り山
24段
（細編み）地糸 2段
26cm 52段
（鎖34目）作り目
※すべて6/0号針で編む

■ = 地糸
□ = 配色糸 a（白）
□ = 配色糸 b
◁ = 糸をつける
◀ = 糸を切る

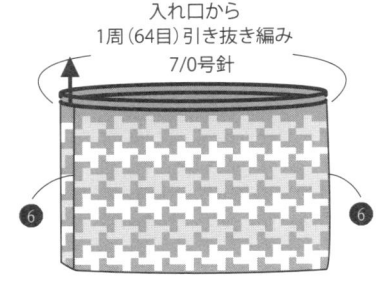

入れ口から
1周（64目）引き抜き編み
7/0号針

6　6

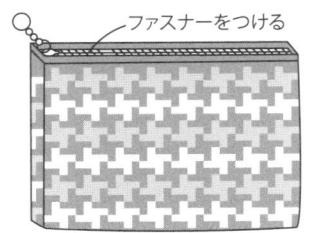

ファスナーをつける

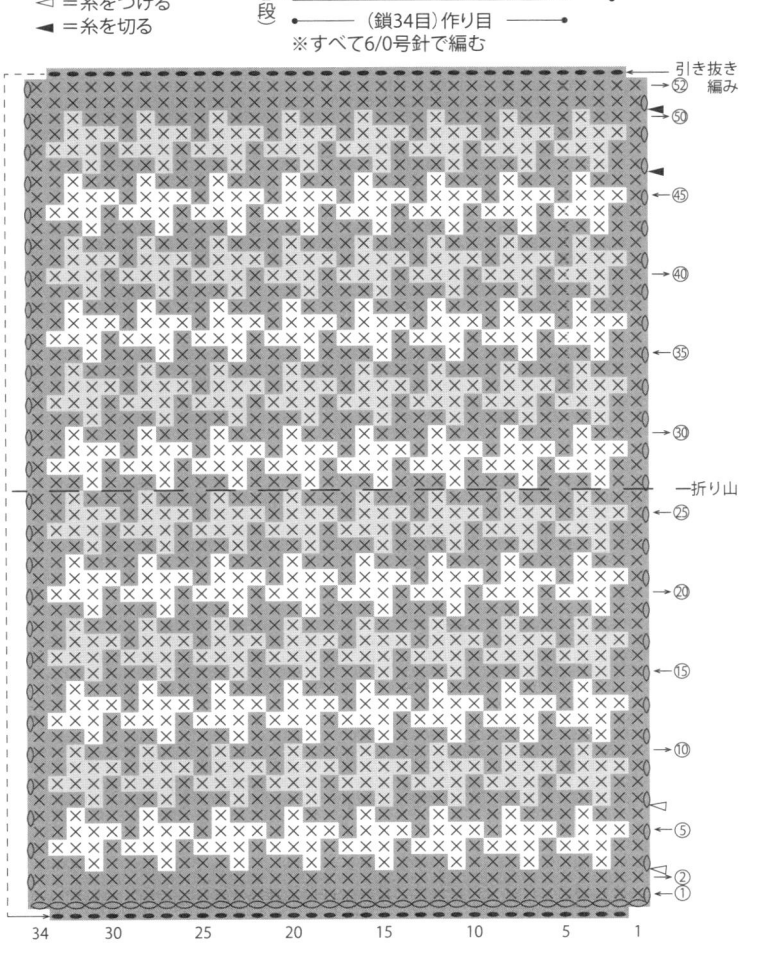

引き抜き編み
52
50
45
40
35
30
折り山
25
20
15
10
5
2
1

34　30　25　20　15　10　5　1

フリンジクラッチ

P51,52

◎ 材料と用具

ハマナカ エコアンダリヤ 80g	105	106	107
	レトログリーン（68）	ブラウンゴールド（172）	プラチナ（174）
ファスナー（25cm）	グレー	こげ茶	グレー

超強力布用両面テープ（幅5mm）　各60cm
かぎ針6/0号、7/0号（入れ口の引き抜き編み用）

◎ ゲージ
細編み、模様編みとも 10cm平方18目×20段

◎ できあがりサイズ
縦15cm×横26cm

◎ 作り方手順
＊編み始めと編み終わりの糸端は
　各60cmくらい残す（脇とじに使用）

❶ 6/0号針で鎖編みの作り目49目
　　→ p57参照

❷ 細編みを34段編む

❸ 模様編みを20段編む

❹ 細編みを6段編む

❺ ピン打ちをし、スチームアイロンで
　　大きさを整える → p59参照

❻ 脇は、中表に合わせて巻きかがり、表に返す
　　または、外表に合わせてすくいとじする

❼ 7/0号針で入れ口を引き抜き編み
　　（片面47目、1周で94目編む）
　　→ p61参照

❽ リング編み部分をしっかり伸ばし、
　　輪の部分をカットし、スチームアイロンで
　　フリンジを整える

❾ 両面テープでファスナーをつける
　　→ p62参照

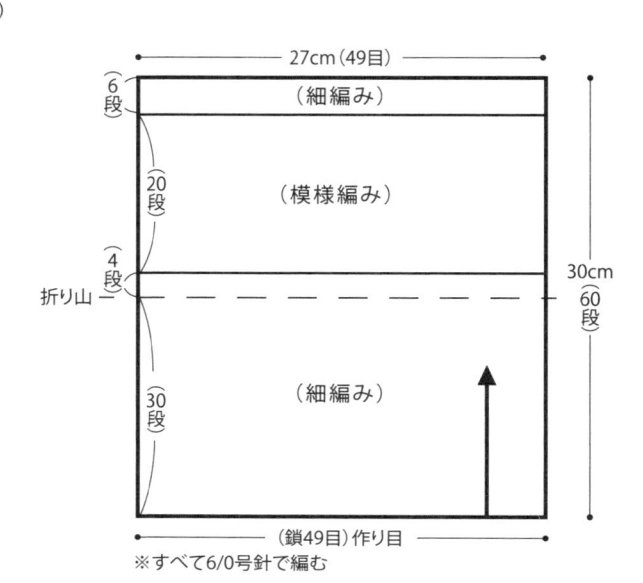

27cm（49目）
（細編み）
6段
（模様編み）
20段
折り山
4段
30cm
60段
（細編み）
30段
（鎖49目）作り目
※すべて6/0号針で編む

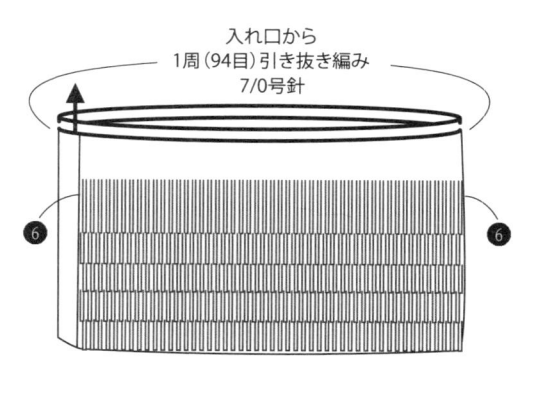

入れ口から
1周（94目）引き抜き編み
7/0号針
❻　　❻

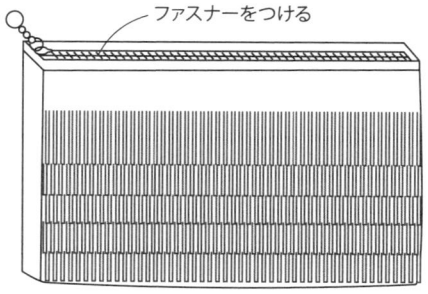

ファスナーをつける

$\boxtimes$ = 細編みのリング編み
（p110 の編み方を参照し、1. で編み糸を中指と薬指の指2本分の長さに下げてリングを作って編む）

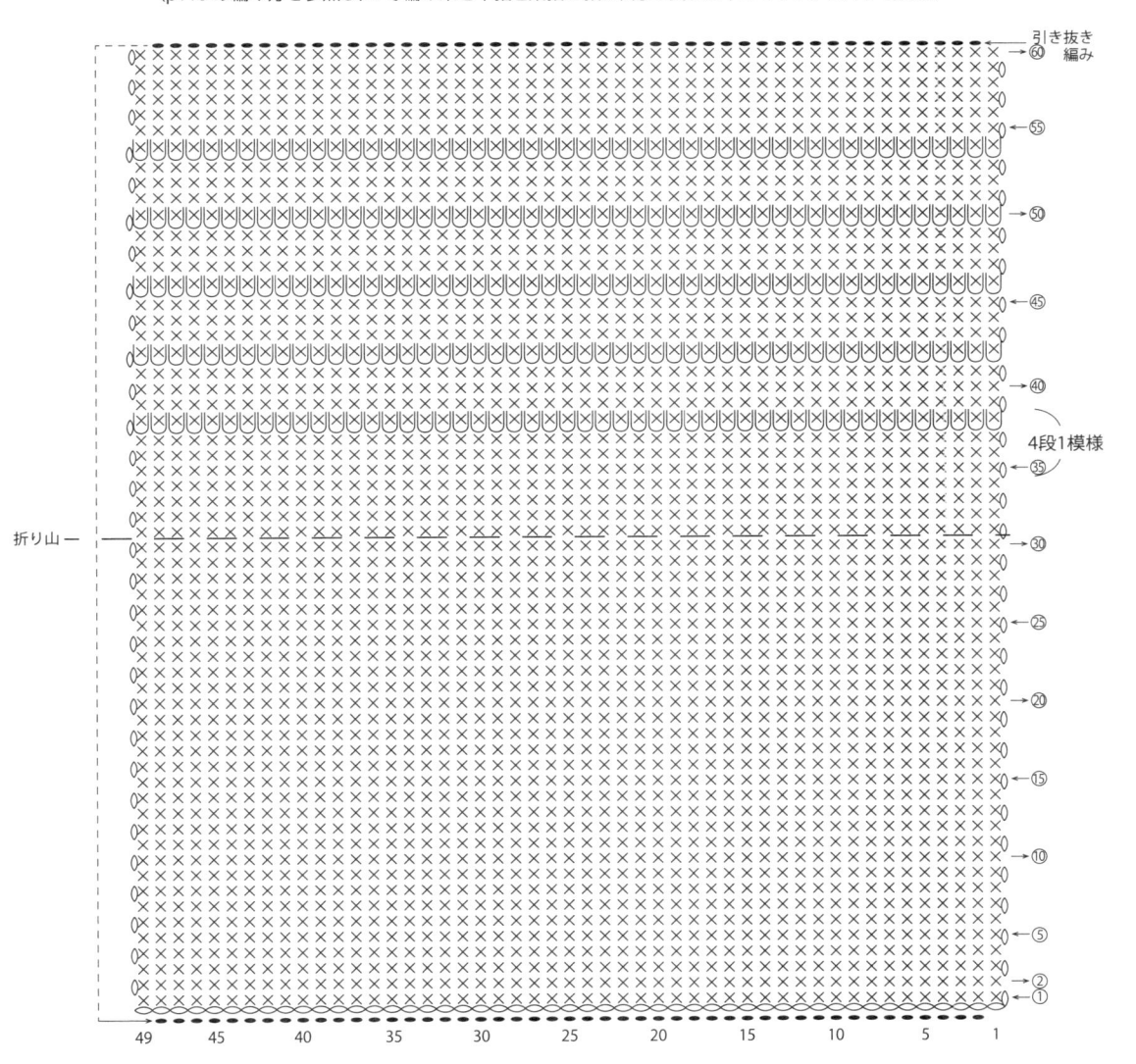

折り山 —

引き抜き編み

4段1模様

ダイヤ柄クラッチ

◎ 材料と用具

	108	109
ハマナカ エコアンダリヤ 105g	ナチュラル（42）	オリーブ（61）
ファスナー（25cm）	ベージュ	カーキ

超強力布用両面テープ（幅5mm） 各60cm
かぎ針6/0号、7/0号（入れ口の引き抜き編み用）

◎ ゲージ
細編み、模様編みとも 10cm平方19目×21段

◎ できあがりサイズ
縦16cm×横26cm

◎ 作り方手順
＊編み始めと編み終わりの糸端は
　各70cmくらい残す（脇とじに使用）

① 6/0号針で鎖編みの作り目51目 → p57参照

② 細編みを2段編む

③ 模様編みを65段編む
　（偶数段を表側として使用）

④ 細編みを2段編む

⑤ ピン打ちをし、スチームアイロンで
　大きさを整える → p59参照

⑥ 脇は、中表に合わせて巻きかがり、表に返す
　または、外表に合わせてすくいとじする

⑦ 7/0号針で入れ口を引き抜き編み
　（片面49目、1周で98目編む） → p61参照

⑧ 両面テープでファスナーをつける → p62参照

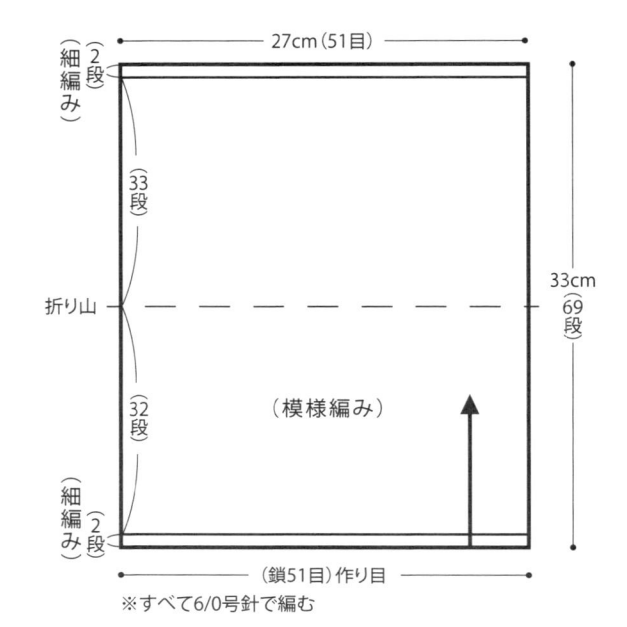

27cm（51目）
（細編み）
2段
33段
折り山
32段
（細編み）
2段
33cm
69段
（模様編み）
（鎖51目）作り目
※すべて6/0号針で編む

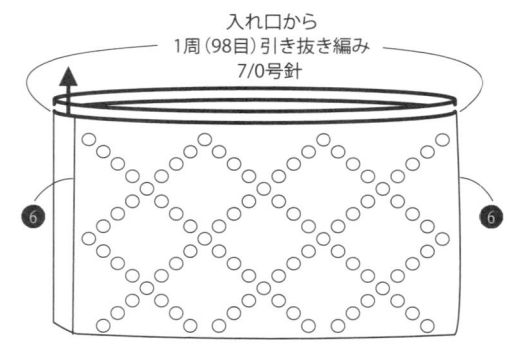

入れ口から
1周（98目）引き抜き編み
7/0号針
⑥　⑥

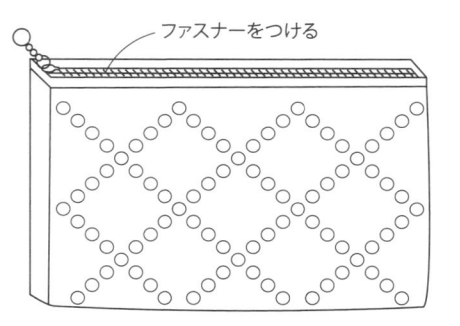

ファスナーをつける

● = 長編み5目の玉編み

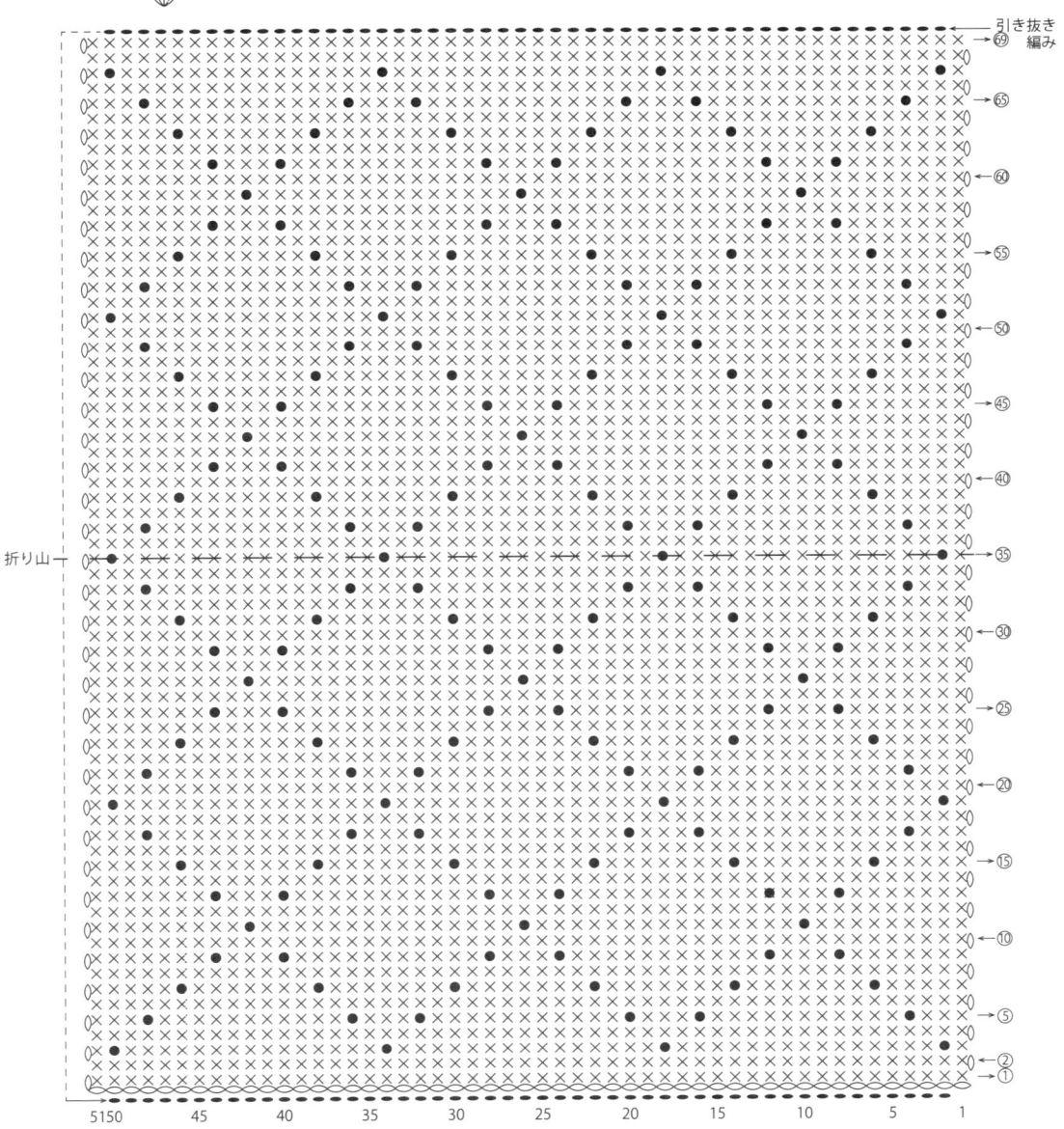

フラップつきクラッチ

◎ 材料と用具

	110	111
ハマナカ エコアンダリヤ 80g	ライトグレー（148）	グレイッシュピンク（54）

かぎ針6/0号

◎ ゲージ

中長編み 10cm平方18目×12段

◎ できあがりサイズ

縦15cm×横25cm

◎ 作り方手順

＊細編みの編み終わりの糸端は
　各60cmくらい残す（脇とじに使用）

① 6/0号針で鎖編みの作り目55目
　→ p57参照

② 1段めは中長編みで編む
　※作り目の半目と裏山を拾って55目
　　55目めにさらに3目、
　　作り目の反対側の残り半目を拾って
　　55目の合計113目編む

③ 中長編みと模様編みで15段まで編む

④ 中長編み部分の編み終わりに
　細編みを1段ずつ編む

⑤ ピン打ちをし、スチームアイロンで
　大きさを整える → p59参照

⑥ 脇は、中表に合わせて巻きかがり、
　表に返す。または、
　外表に合わせてすくいとじする

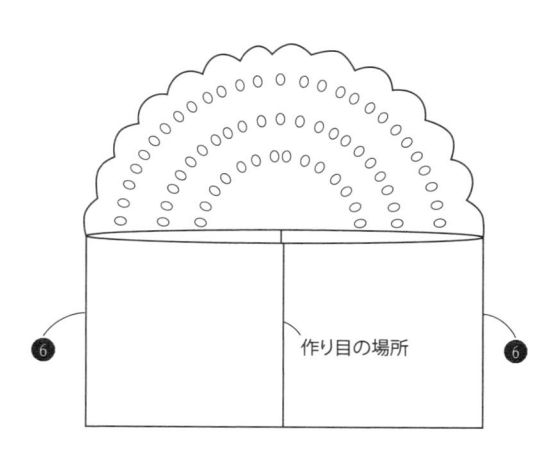

作り目の場所

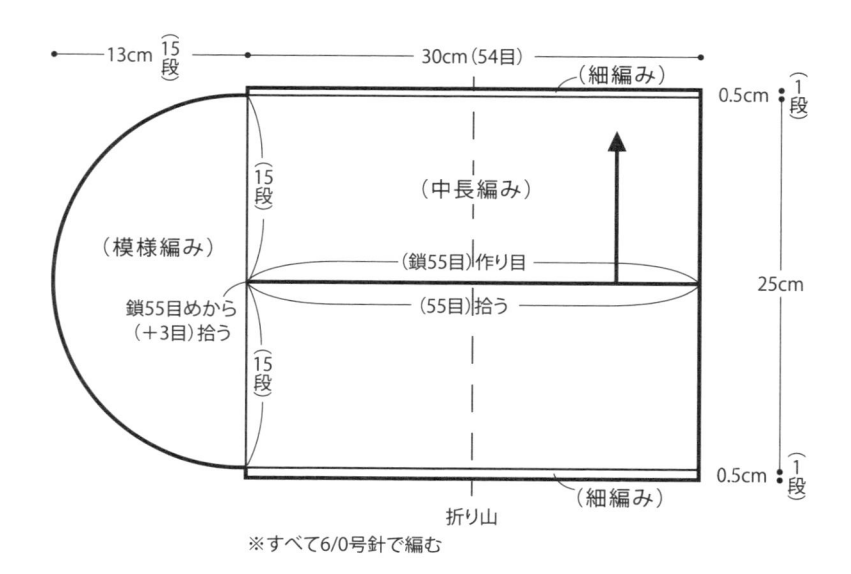

※すべて6/0号針で編む

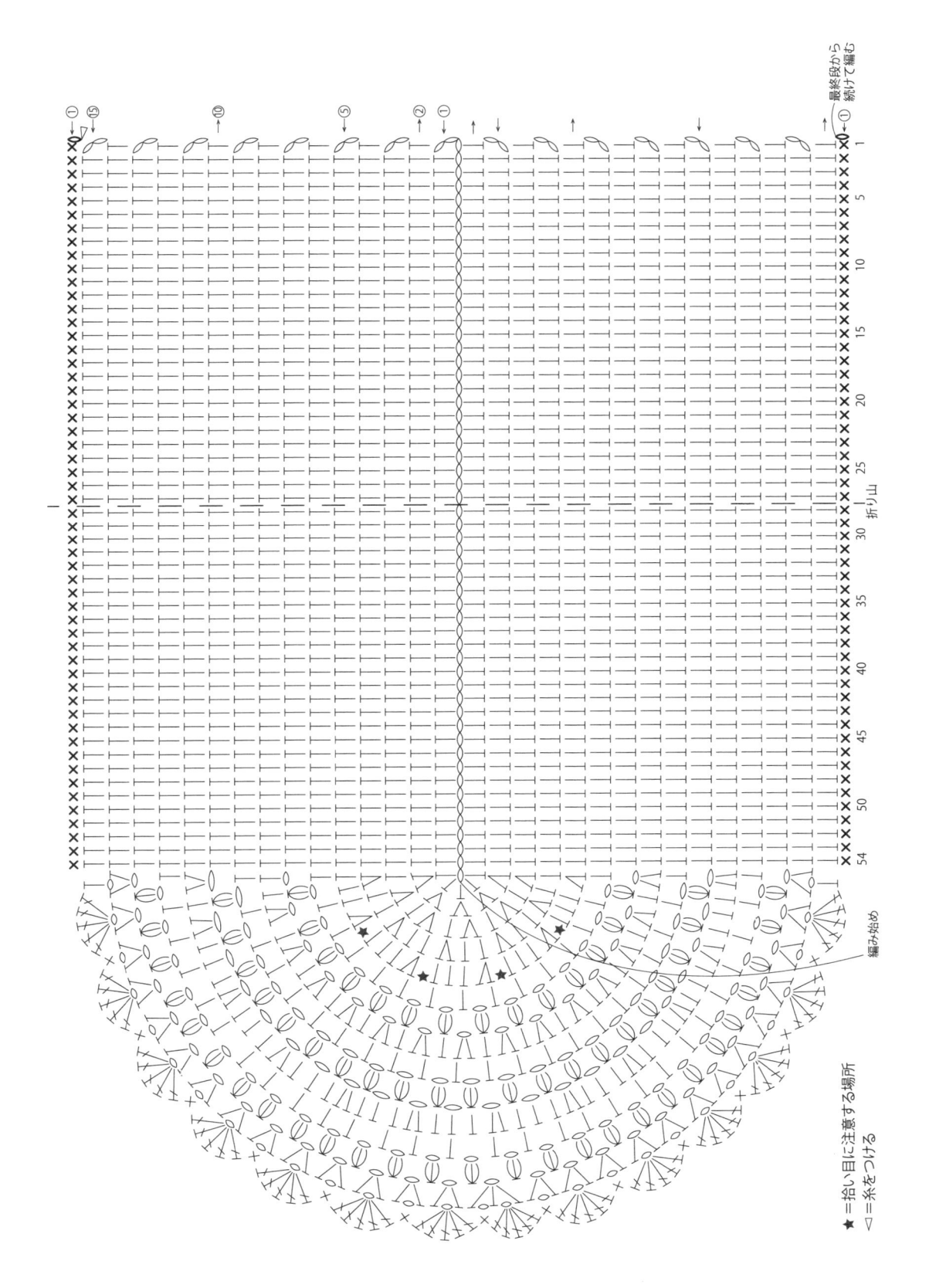

★＝拾い目に注意する場所
◁＝糸をつける

かぎ針編みの基礎

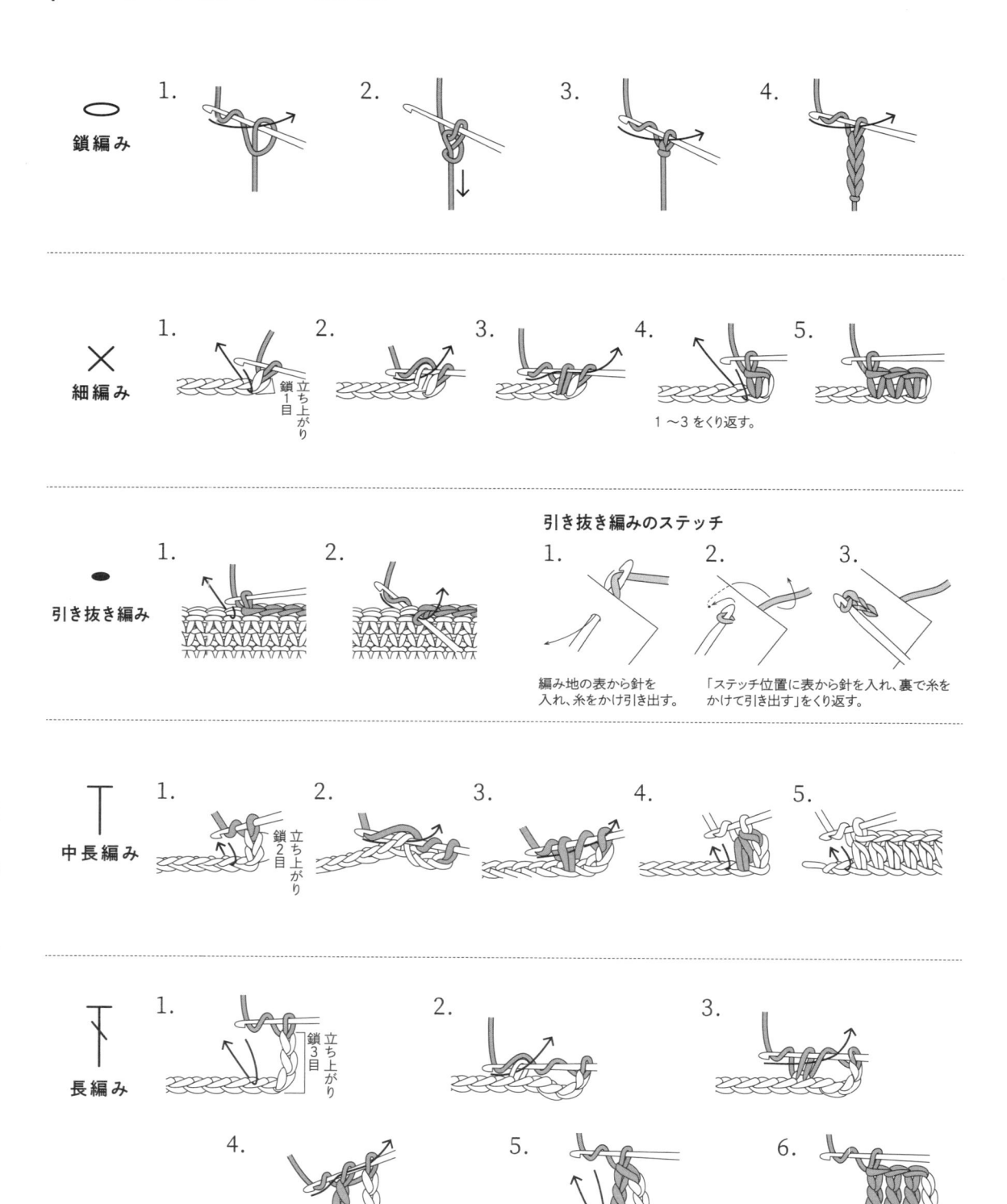

鎖編み

1. 2. 3. 4.

細編み

1. 2. 3. 4. 5.

立ち上がり 鎖1目

1〜3 をくり返す。

引き抜き編み

1. 2.

引き抜き編みのステッチ

1. 2. 3.

編み地の表から針を入れ、糸をかけ引き出す。

「ステッチ位置に表から針を入れ、裏で糸をかけて引き出す」をくり返す。

中長編み

1. 2. 3. 4. 5.

立ち上がり 鎖2目

長編み

1. 2. 3.

立ち上がり 鎖3目

4. 5. 6.

1〜4 をくり返す。

長々編み

1. 2. 3. 4. 5.

細編み2目編み入れる

 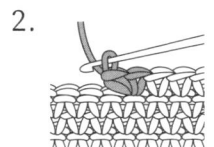

1. 2.

同じ目に細編みを
2目編む。

細編み2目一度

 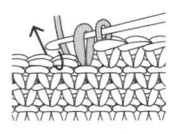 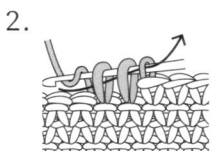 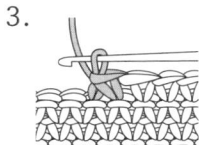

1. 2. 3.

細編みと同様に糸を引き
出し、次の目に針を入れる。

同様に糸を引き出し、
2目を一度に編む。

前段の2目が1目に減る。

細編みのうね編み

 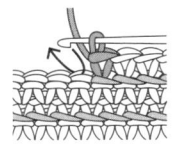 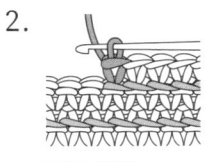 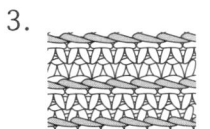

1. 2. 3.

前段の目の頭の向こう半目
に針を入れる。

細編みを編む。

表裏関係なく、常に前段の目の
頭の向こう半目を拾って編む
（表と裏に交互にすじが出る）。

長編み2目編み入れる

 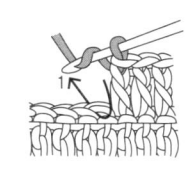 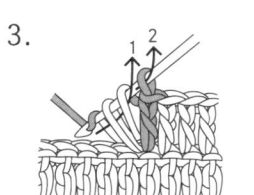 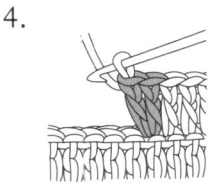

1. 2. 3. 4.

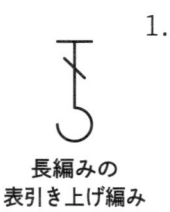 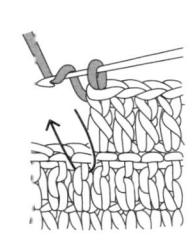 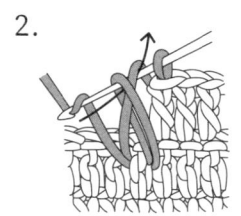 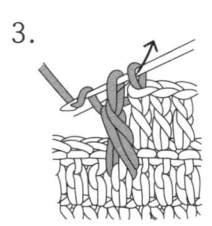 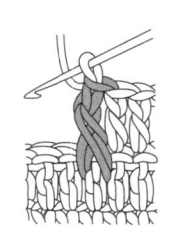

1. **2.** **3.** **4.**

長編みの
表引き上げ編み

 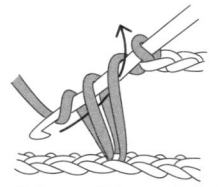 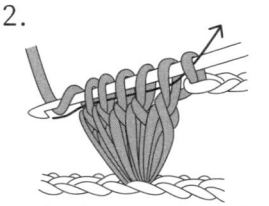

1. **2.** **3.**

長編み5目の
玉編み

前段の目に針を入れ、未完成の
長編みを5目分編む。

針に糸をかけて一度に引き抜く。

中長編み3目の玉編み

（1目に編むとき）

記号の根元がくっついて
いるので、前段の編み目
の1目に編み入れる。

1. **2.** **3.**

未完成の中長編み3目

針に糸をかけて前段の
目の頭に針を入れる。

未完成の中長編みを合計3目編み、
針に糸をかけて、針にかかっている
目を一度に引き抜く。

中長編み3目の玉編み
の編みあがり。

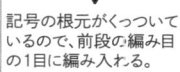 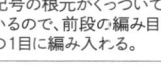

（束に編むとき）

記号の根元が離れている
ので、前段の編み目を束
にすくって編む。

  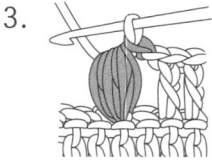

1. **2.** **3.**

針に糸をかけて前段の鎖の
下の空間に針を入れる。

未完成の中長編みを合計3目編み、
針に糸をかけて、針にかかっている
目を一度に引き抜く。

中長編み3目の玉編み
の編みあがり。

 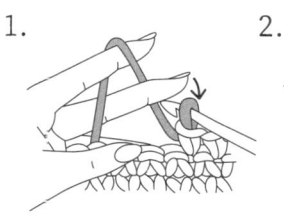 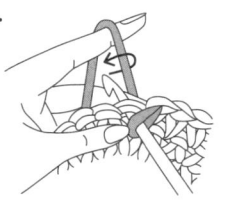 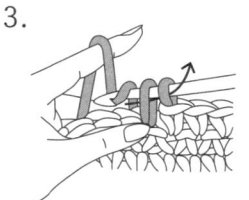 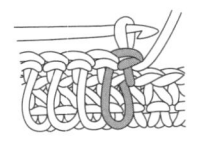

1. **2.** **3.** **4.**

細編みの
リング編み

左手の中指で編み糸を
リングの長さに下げて
目を押さえる。

糸を押さえたまま、次の目に
針を入れて、糸を引き出す。

針に糸をかけ、針にかかっている
目を一度に引き抜く。細編みの
リング編み目の編みあがり（リング
は編み目の向こう側にできる）。

細編みのリング地の表側。

鎖の作り目→鎖の半目と裏山を拾う　かぎ針の編み始めは鎖編みを必要目数編んで、その目を拾って1段めを編み始める。

鎖の作り目(表)　　　　　　　　　　鎖の作り目(裏)　　鎖の裏山　　　鎖の半目と裏山を拾う

1.

2
1
作り目　　立ち上がり
の鎖1目

3.

4.

5.

細編みの編み込みの方法（糸を横に渡す編み込み）

1.

配色糸
地糸

配色をする1目手前の細編みの
最後の引き抜きの際に、配色糸
を針先にかけて引き抜く。

2.
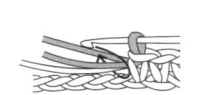

地糸と配色糸の糸端の下に針を
入れ、配色糸を引き出す。

3.

地糸と配色糸の糸端を
編みくるみながら、配色糸で
細編みを編む。

4.
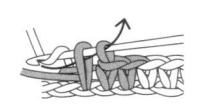

配色糸の最後の引き抜きの際に、
地糸を針先にかけて引き抜く。

5.
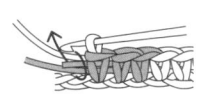

配色糸を編みくるみながら
地糸で細編みを編む。

6.
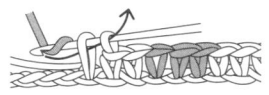

同様に糸を替えながら編む。

7.
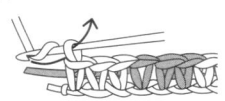

段の終わりに、続けて次の段
の立ち上がりの鎖を編む。

8.

立ち上がりの鎖1目

鎖1目を編んだら、編み地
を裏返す。

すくいとじ

1. 段の横方向に渡る糸を縦にすくう。

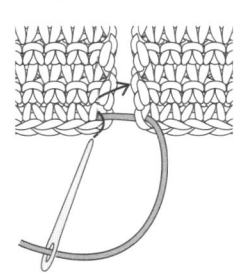

2. 糸を向かい側に渡し、同様に縦にすくう。
再び向かい側に渡し、同様に縦にすくう。

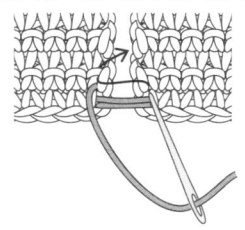

3. 「編み地を交互にすくう」を
くり返す。

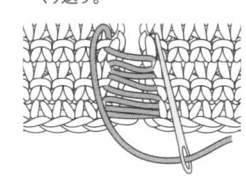

巻きかがり

1. 両側の編み地の端の目を全目すくう。

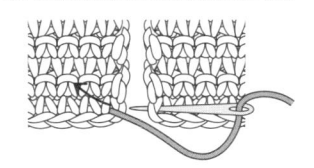

2. 同様にくり返す。

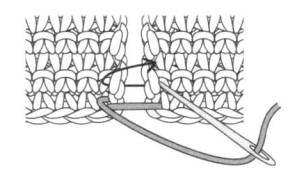

3.

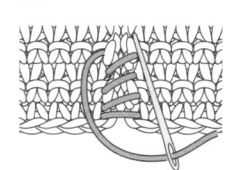

 STAFF

制作協力	青野美紀　片山智美　加藤万理
	高橋恵美子　仲野千恵　平野亮子
ブックデザイン	木村百恵
撮影	福本旭
スタイリング	カワムラアヤ
進行	鏑木香緒里
基礎ページ協力	山口裕子（株式会社レシピア）
編集協力	小林美穂
編集	宮崎珠美（OfficeForet）

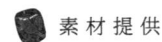 素材提供

【エコアンダリヤ】

ハマナカ株式会社
〒616-8585
京都市右京区花園薮ノ下町2番地の3
FAX：075-463-5159
MAIL：info@hamanaka.co.jp
http://www.hamanaka.co.jp/

【超強力 布用両面テープ 幅5mm】

株式会社KAWAGUCHI
〒103-0022
東京都中央区日本橋室町4-3-7
TEL：03-3241-2101
https://www.kwgc.co.jp/

読者の皆様へ

本書の内容に関するお問い合わせは
お手紙またはメール（info@TG-NET.co.jp）にて承ります。
恐縮ですが、電話でのお問い合わせはご遠慮ください。
『手編みのポーチ　ニッポーチ111』編集部
※本書に掲載している作品の複製・販売はご遠慮ください。

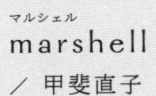 marshell（マルシェル）
／ 甲斐直子

ヴォーグ学園東京校にて手編みと魔法の一本針の資格を取得し、2014年よりニット作家『marshell（マルシェル）』として活動を開始。毛糸メーカーや出版社へデザインや制作作品を提供。作品と糸と色の相性を大事にした制作を心がけている。NHK「すてきにハンドメイド」に手編み講師として出演。著書に「かぎ針と棒針で編む あったかウエアと小物」「手編みのハンカチ ニッタオル101」（日東書院本社刊）。

https://marshell705.com

著者インスタグラムにて「基礎の編み方」を動画で公開中！ぜひご覧ください。

instagram @marshell705

手編みのポーチ
ニッポーチ 111

2025年4月20日　初版第1刷発行

著者	marshell
発行者	廣瀬和二
発行所	株式会社日東書院本社
	〒113-0033
	東京都文京区本郷1丁目33番13号
	春日町ビル5F
	TEL：03-5931-5930（代表）
	FAX：03-6386-3087（販売部）
	URL：http://www.TG-NET.co.jp
印刷所	三共グラフィック株式会社
製本所	株式会社ブックアート